Impressum
Verlag: BABADADA GmbH, Nedderfeld 112 , 22529 Hamburg
Geschäftsführer / Verlagsleitung: Harald Hof
Druck: Books on Demand GmbH, In de Tarpen 42, 22848 Norderstedt

Imprint
Publisher: BABADADA GmbH, Nedderfeld 112 , 22529 Hamburg, Germany
Managing Director / Publishing direction: Harald Hof
Print: Books on Demand GmbH, In de Tarpen 42, 22848 Norderstedt, Germany

# la escuela

## ቤት-ትምህርቲ

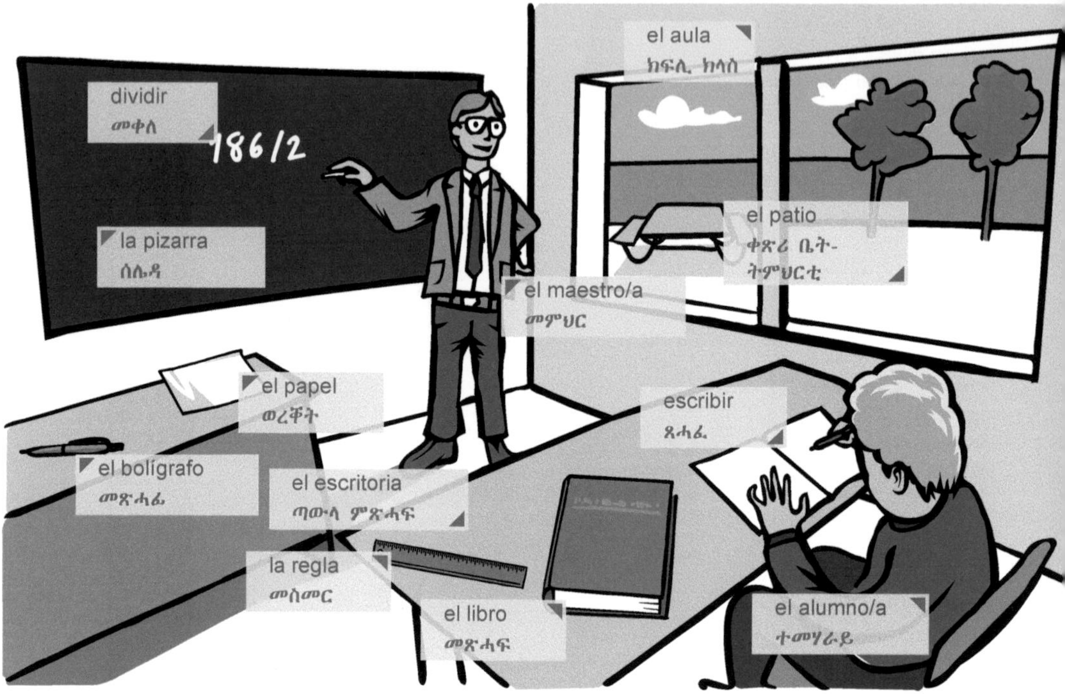
el aula
ክፍሊ ክላስ
dividir
መቀለ
186/2
el patio
ቀጽሪ ቤት-ትምህርቲ
la pizarra
ሰሌዳ
el maestro/a
መምህር
el papel
ወረቐት
escribir
ጸሓፈ
el bolígrafo
መጽሓፊ
el escritoria
ጣውላ ምጽሓፍ
la regla
መስመር
el libro
መጽሓፍ
el alumno/a
ተመሃራይ

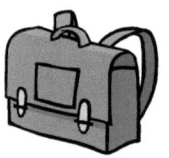

la cartera

ሳንጣ ትምህርቲ

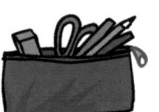

la caja de lápices

ሰፈር ብርዒ

el lápiz

ርሳስ

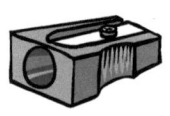

el sacapuntas

መብልሒ ርሳስ

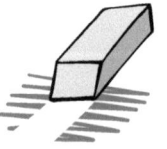

la goma de borrar

መደምሰሲ

el cuaderno de dibujo

ጥራዝ ስእሊ

el dibujo

ስእሊ

el pincel

ብርሺ ቀለም

la caja de pinturas

ቦክስ ቀለም

las tijeras

መቐስ

el pegamento

መጣበቒ

el cuaderno de ejercicios

ጥራዝ መላመዲ

los deberes

ዕዮ ገዛ

el número

ቁጽሪ

sumar

መሰኸ

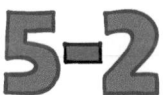

restar

ጎደለ

multiplicar

ረብሐ

calcular

ደመረ

la letra

ፊደል

el alfabeto

ስርዓት ፊደላት

la palabra

ቃል

el texto

ጽሑፍ

leer

አንበበ

la tiza

ኩርሽ

la lección

ሰዓት

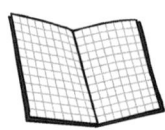

el cuaderno de notas

መዝገብ ክላስ

el examen

መርመራ

el certificado

ሰርቲፊከት

el uniforme

ድቢዛ ቤትትምህርቲ

la educación

ትምህርቲ

la enciclopedia

ለክሲኮን

la universidad

ዩኒቨርሲቲ

el microscopio

ሚክሮስኮፕ

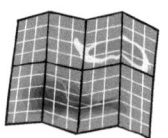

el mapa

ካርታ

la papelera

ጎሓፍ ወረቐት

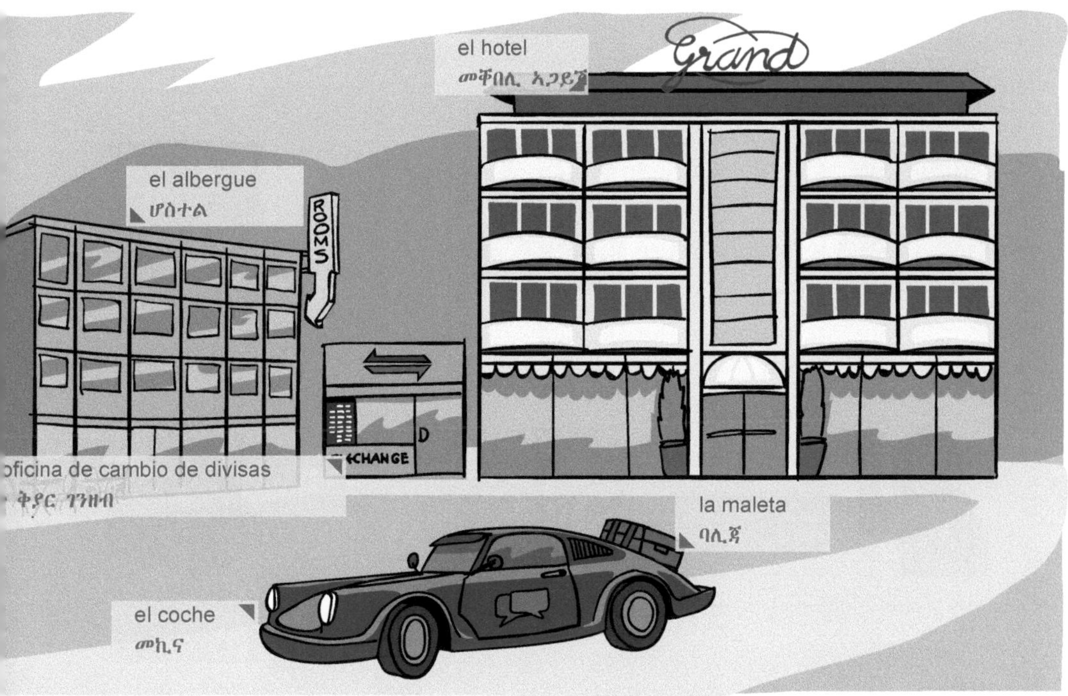

el hotel
መቐበሊ ኣጋይሽ
Grand
el albergue
ሆስተል
ROOMS
oficina de cambio de divisas
ቅያር ገንዘብ
CHANGE
la maleta
ባሊጃ
el coche
መኪና

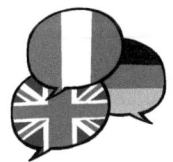

el idioma
ቋንቋ

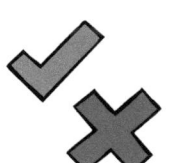

sí / no
እወ / ኖ

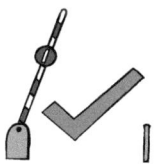

Vale
ሕራይ

hola
ሰላም

el traductor
ኣስተርጓሚ

Gracias
የቐንየለይ

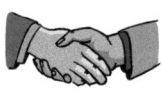

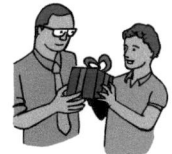

¿cuánto es...?

. . . ክንደይ ዋግኡ?

No entiendo

አይተረድኣኹን

el problema

ሽግር

¡Buenas tardes!

ሰላም ምሽት!

¡Buenos días!

ከመይ ሓዲርካ

¡Buenas noches!

ሰላም ለይቲ

adiós

ደሓን ኩን

la dirección

አንፈት

el equipaje

ጉዕዝ

la bolsa

ሳንጣ

la mochila

ሳንጣ ሕቖ

el invitado

ጋሻ

la habitación

ክፍሊ

el saco de dormir

ክሻ መደቐሲ

la tienda de campaña

ቴንዳ

la información turística

ሓበሬታ በጸሕቲ ሃገር

la playa

ገምገም ባሕሪ

la tarjeta de crédito

ክረዲት ካርድ

el desayuno

ቁርሲ

el almuerzo

ምሳሕ

la cena

ድራር

el billete

ቲከት

el ascensor

ሊፍት

el sello

ማሕተም ደብዳበ

la frontera

ዶብ

la aduana

ድንና

la embajada

ኣምበሲ

la visa

ቪዛ

el pasaporte

ፓስፖርት

# el transporte

## መጓዓዝያ

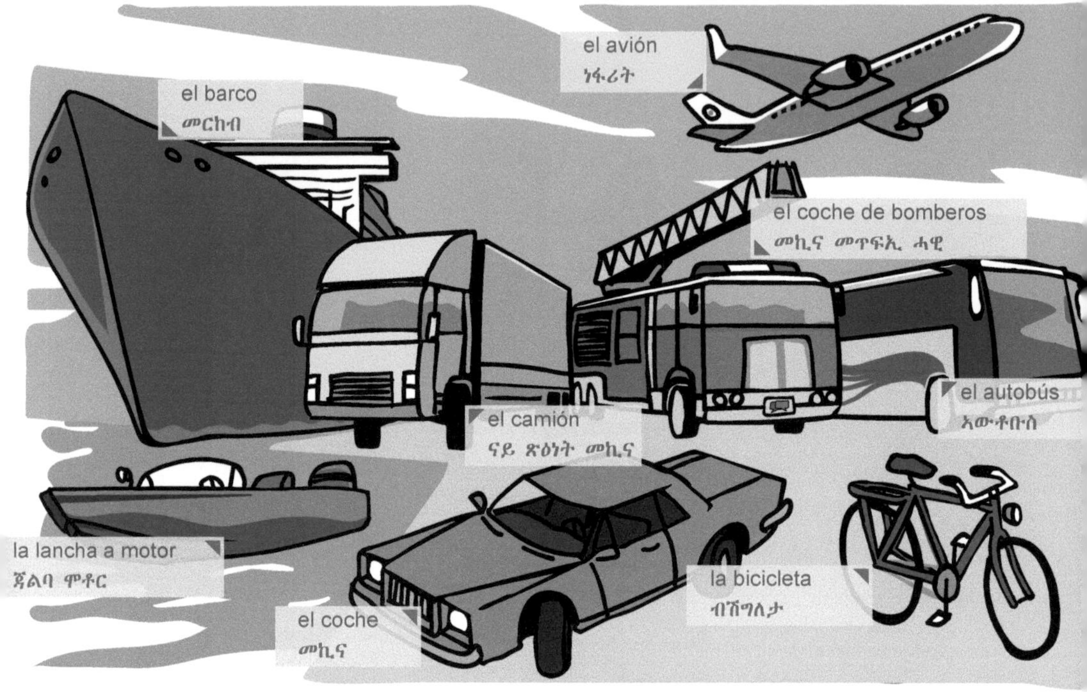

el avión
ነፋሪት
el barco
መርከብ
el coche de bomberos
መኪና መጥፍኢ ሓዊ
el autobús
ኣውቶቡስ
el camión
ናይ ጽዕነት መኪና
la lancha a motor
ጃልባ ሞቶር
el coche
መኪና
la bicicleta
ብሽግለታ


el transbordador

ፈሪ

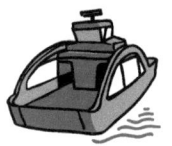

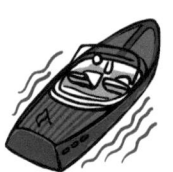

la barca

ጃልባ

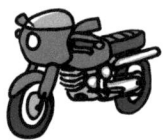

la moto

ሞቶ

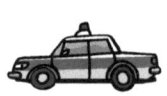

el coche de policía

መኪና ፖሊስ

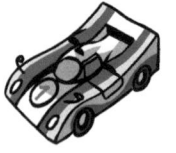

el coche de carreras

መኪና ቅድድም

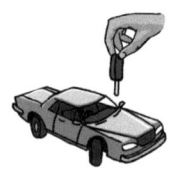

el coche de alquiler

ክራይ መኪና

el préstamo de vehículos

ምውፋይ መካይን

la grúa

መወሰዲ መኪና

el camión de la basura

መኪና ጎሓፍ

el motor

ሞቶር

la gasolina

ነዳዲ

la gasolinera

እንዳ ነዳዲ

la señal de tráfico

ምልክት ትራፊክ

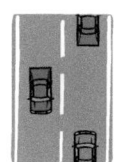

el tráfico

ትራፊክ

el atasco

ምጭቍጭጫቍ ትራፊክ

el aparcamiento

መዐሸጊ መኪና

la estación de tren

መዕረፊ ባቡር

las vías

ሓዲግ

el tren

ባቡር

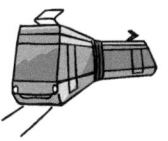

el tranvía

ትረም

el vagón

ባጎኒ

el helicóptero

ሄሊኮፕተር

el aeropuerto

መዓረፈ ነፈርቲ

la torre

ታወር

el pasajero

ተጓዓዚ

el contenedor

ኮንተይነር

la caja de cartón

ሳንዱቕ ካርቶን

la carretilla

ኮርሳ ጽዕነት

la cesta

ዘንቢል

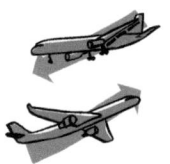

despegar / aterrizar

ተበገሰ / ዓለበ

## la ciudad

## ከተማ

el pueblo

ቀኣሸት

el centro de la ciudad

ማእከል ከተማ

la casa

ገዛ

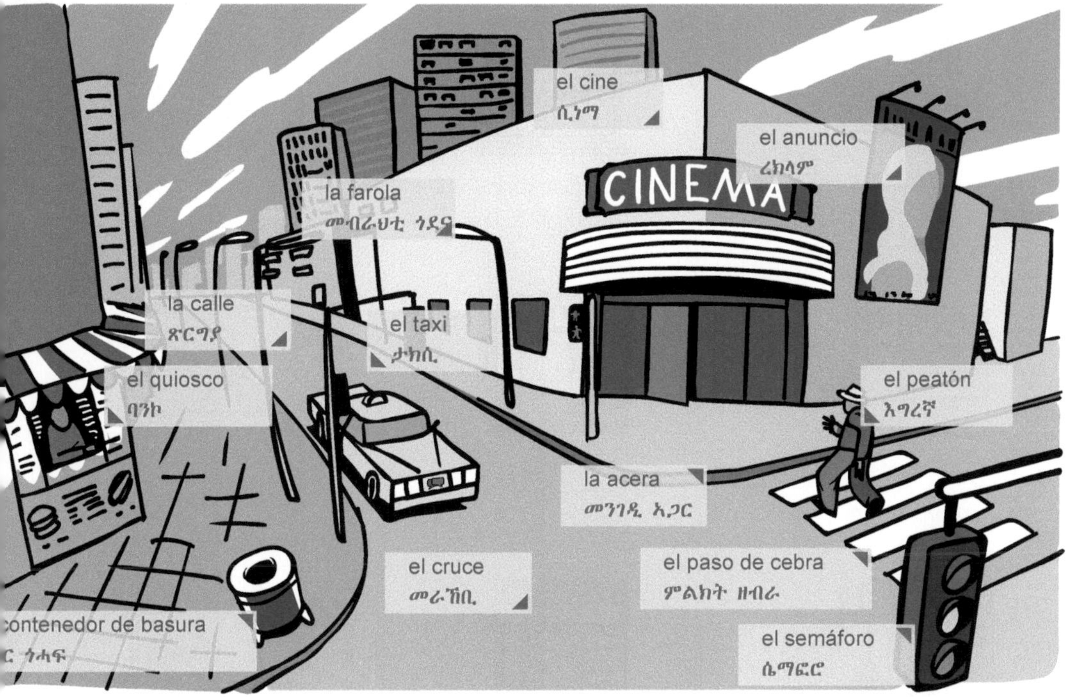

el cine
ሲነማ

el anuncio
ሪክላም

la farola
መብራህቲ ጎደና

la calle
ጽርግያ

el taxi
ታክሲ

el quiosco
ባንኮ

el peatón
እግረኛ

la acera
መንገዲ እግሪ

el cruce
መራኸቢ

el paso de cebra
ምልክት ዘብራ

contenedor de basura
ር ጎሓፍ

el semáforo
ሴማፍሮ

la cabaña
አጉዶ

el apartamento
አፓርትመንት

la estación de tren
መዕረፊ ባቡር

el ayuntamiento
ቤት ምምሕዳር

el museo
ቤተ መዘክር

la escuela
ቤት-ትምህርቲ

la universidad

ዩኒቨርሲቲ

el banco

ባንክ

el hospital

ሆስፒታል

el hotel

መቆበሊ አጋይሽ

la farmacia

ቤት መድሃኒት

la oficina

ቤት ጽሕፈት

la librería

ዱኳን መጽሐፍቲ

la tienda de campaña

ዱኳን

la floristería

ዱኳን ዕንባባ

el supermercado

ሱፐርማርክት

el mercado

ዕዳጋ

los grandes almacenes

ሹቅ

la pescadería

ነጋዳይ ዓሳ

el centro comercial

ሹቅ

el puerto

መርሳ

el parque

መዘናግዒ

el banco

ባንኪ

el puente

ድልድል

las escaleras

መደያይቦ

el metro

ባቡር ትሕቲ ምድሪ

el túnel

ቢንቶ

la parada de autobús

መዕረፊ ኣውቶቡስ

el bar

ቤት መስተ

el restaurante

ቤት-መግቢ

el buzón

ሰታሪት

el poste indicador

ታቤላ

el parquímetro

ሰዓት ፓርኪንግ

el zoo

መካነ እንስሳታት

la piscina

መሓምበሲ

la mezquita

መስጊድ

la granja

ቤት ሕርሻ

la contaminación

ብክለ

el cementerio

መቃብር

la iglesia

ቤተክርስትያን

el patio de juego

ቦታ ምጽዋት

el templo

ቤት መቕደስ

## el paisaje
## ስእሊ መሬት

la hoja
ኣቝጽልቲ

la señal
መሕበሪ መገዲ

el camino
መገዲ

el prado
ሸኻ

la piedra
እምኒ

el excursionista
ኮብላሊ

el árbol
ኣግራብ

el río
ፈለግ

la hierba
ሰዓሪ

la flor
ዕንባባ

el valle

ስንጭሮ

la colina

ጎቦ

el lago

ቀላይ

el bosque

ዱር

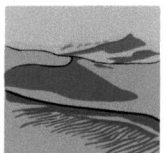

el desierto

ምድረ በዳ

el volcán

እሳተ-ጎመራ

el castillo

ግምቢ

el arcoíris

ቀስተ-ደመና

el champiñón

ቃንጥሻ

la palmera

ዓርኮብኮባይ

el mosquito

ጣንጡ

la mosca

ሃመማ

la hormiga

ጻጻ

la abeja

ንህቢ

la araña

ሳሬት

el escarabajo

ሕንዚዝ

la rana

ዕንቅርያብ

la ardilla

ምጽጹላይ

el erizo

ቅንፍዝ

la liebre

ማንቲለ

la lechuza

ጉንጕን

el pájaro

ጭሩ

el cisne

ስዋን

el jabalí

መፍለስ

el ciervo

ዓጋዘን

el alce

ሙስ

la presa

ግድብ

la turbina eólica

ተርባይን ንፋስ

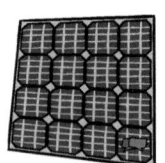

el panel solar

ሶላር ስርሓት

el clima

ኩነታት ኣየር

16        el paisaje - ስእሊ መሬት

# el restaurante

## ቤት-መግቢ

el camarero
ኣሰላፊ
el menú
ካርታ
መግብታት
la silla
መንበር
la sopa
መረቕ
la pizza
ፒትሳ
la cubertería
መመታትሪ
el mantel
ክዳን ጣውላ

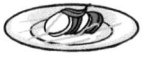

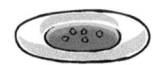

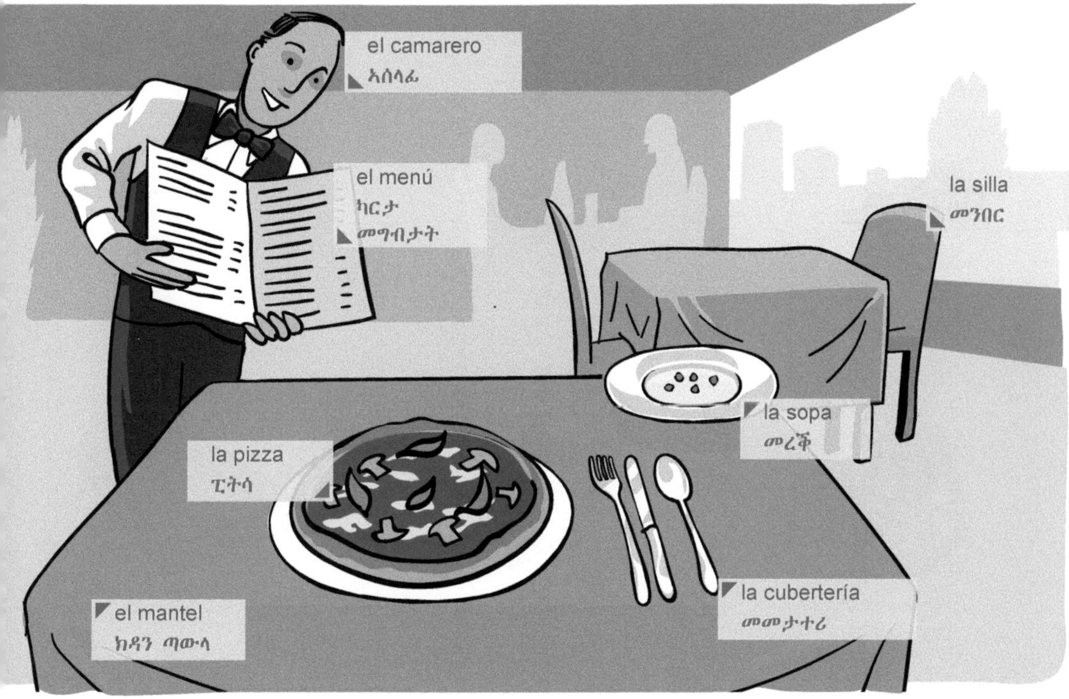

el primer plato

ቅድመ ቀንዲ መግቢ

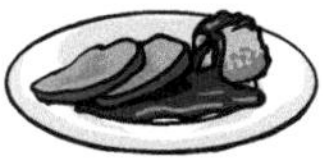

el plato principal

ቀንዲ መኣዲ

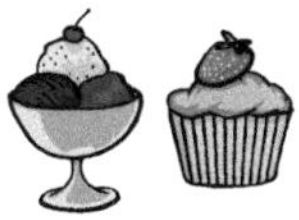

el postre

ድሕረ መግቢ

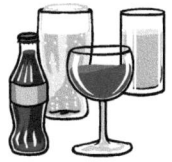

las bebidas

መስተ

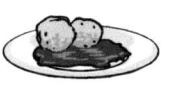

la comida

መግቢ

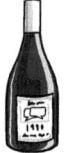

la botella

ጥርሙዝ

la comida rápida

ስሉጥ መግቢ

la comida callejera

መግቢ ጽርግያ

la tetera

ብርጭቆ ሻሂ

el azucarero

ታኒካ ሽኮር

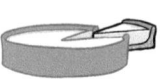

la porción

ክፋል

la cafetera expreso

ማሺን ኤስፐረሶ

la trona

ነዊሕ መንበር

la cuenta

ጸብጻብ

la bandeja

ታብለት

el cuchillo

ካራ

el tenedor

ፋርከታ

la cuchara

ማንካ

la cucharilla

ማንካ ሻሂ

la servilleta

ሰርቪየተ

el vaso

ብኬሪ

el plato

ሸሓኒ

el plato hondo

ሸሓኒ መረቕ

el platillo

ትሕቲ ኩባያ

la salsa

ጸብሒ

el salero

ወዓቢ ጨው

el molinillo de pimienta

መጥሓን በርበረ

el vinagre

ኣቾቶ

el aceite

ዘይቲ

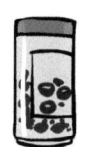

las especias

ቀመም

el ketchup

ከቸፕ

la mostaza

ኣድሪ

la mayonesa

ማዮኔዝ

# el supermercado

## ሱፐርማርከት

la oferta especial
ወፈያ
FOR
el cliente
ዓሚል
los lácteos
ፍርያታት ጸባ
la fruta
ፍረታት
el carro de compra
ሰረገላ ዱኳን


BUTCHERS


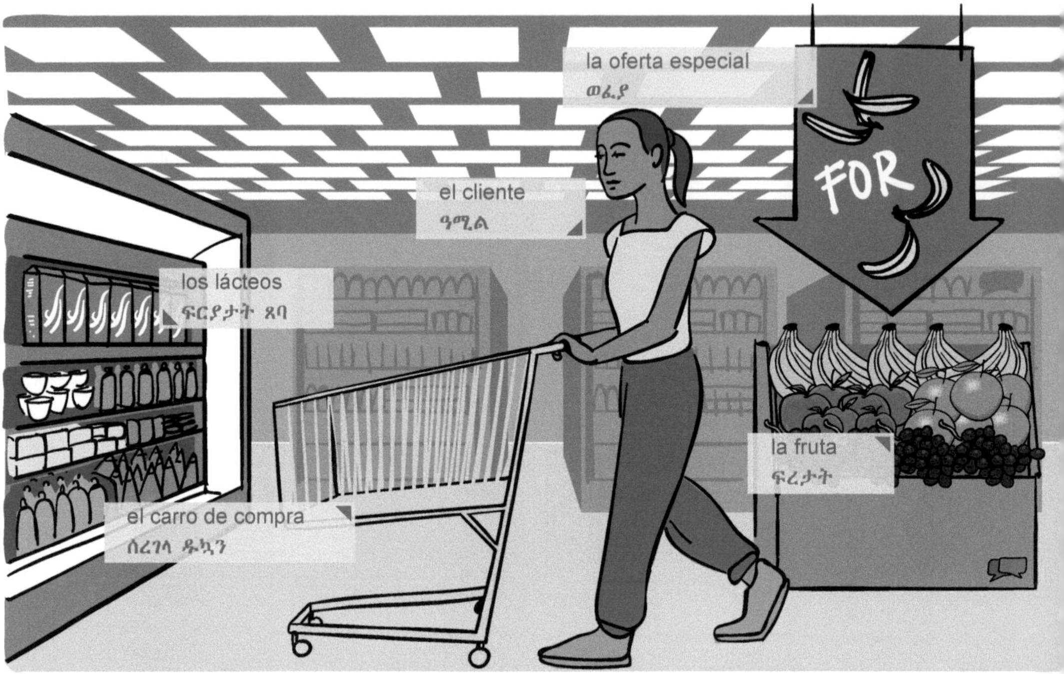

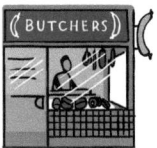

la carniceria

እንዳ ስጋ

BAKERY


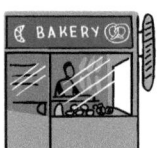

la panadería

እንዳ ባኒ

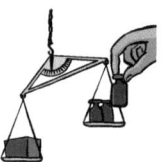

pesar

ክብደት

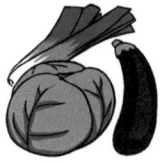

las verduras

ኣሕምልቲ

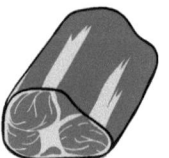

la carne

ስጋ

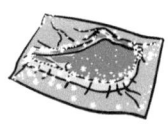

los alimentos congelados

መግቢ ፍሪጅ በረድ

los fiambres

ዝሑል ቅሩብ መግቢ

las conservas

እስታፖላ

el detergente en polvo

ኦሞ

los dulces

ምቁር መግቢ

productos de uso doméstico

ዘቤታውያን ኣቑሑ

productos de limpieza

ናውቲ መጽረዪ

la vendedora

ሸቃጣይ

la caja de cartón

ካሳ

el cajero

ተሓዝ ገንዘብ

la lista de la compra

ዝርዝር ምግዛእ

el horario de atención al público

ክፉት ስዓታት

la cartera

ማሕፉዳ

la tarjeta de crédito

ክረዲት ካርድ

la bolsa de plástico

ሳንጣ

la bolsa de plástico

ፌስታል

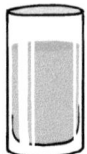

el agua

ማይ

el zumo

ጁማቍ

la leche

ጸባ

la cola

ኮላ

el vino

ነቢት

la cerveza

ቢራ

el alcohol

አልኮል

el cacao

ካካው

el té

ሻሂ

el café

ቡን

el expreso

ኤስፕረሶ

el capuchino

ካፑቺኖ

el plátano

ባናና

la manzana

ቱፋሕ

la naranja

አራንሺ

el melón

ብርጭቆ

el limón

ለሚን

la zanahoria

ካሮት

el ajo

ጻዕዳ ሽጉርቲ

el bambú

ባምቡስ

la cebolla

ሽጉርቲ

el champiñón

ቅንጥሻ

las avellanas

ፉል

los fideos

ፓስታ

las espagueti

ስፓገቲ

el arroz

ሩዝ

la ensalada

ሰላጣ

las patatas fritas

ቅልዋ ድንሽ

las patatas fritas

ቅሉው ድንሽ

la pizza

ፒትሳ

la hamburguesa

ሃምቡርገር

el sándwich

ፓኒኖ

el filete

ቢስተካ

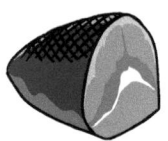

el jamón

ሰለፍ ሓሰማ

le salami

ሳላሚ

la salchicha

ግዕዝም

el pollo

ደርሆ

el asado

ቀለወ

el pescado

ዓሳ

24                    la comida  -  መግቢ.

los copos de avena

ገዓት

el muesli

ሙስሊ

los copos de maíz

ኮርንፍላይክስ

la harina

ሓርጭ

el cruasán

ክሮሶን

el panecillo

ባኒ

el pan

ባኒ

la tostada

ቶስት

las galletas

ብሽኩቲ

la mantequilla

ጠስሚ

la cuajada

ርጎአ

el pastel

ፓስተ

el huevo

እንቋቝሓ

el huevo frito

ቅሉው እንቋቝሓ

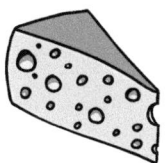

el queso

ፋርማጆ

el helado

አይስ ክሪም

el azúcar

ሽኮር

la miel

መዓር

la mermelada

ጄም

la crema de turrón

ኑጋት-ክሬም

el curry

ኩሪ

la granja
ቤት ሕርሻ

el granero
መኽዘን

el fardo de paja
ሓሰር ቦንዳ

el campo
ግራት

el caballo
ፈረስ

el remolque
ተስሓቢ

el tractor
ትራክተር

el potro
ዒሎ

el burro
አድጊ

el cordero
ዕየት

la oveja
በጊዕ

la cabra

ጤል

la vaca

ብዕራይ

el ternero

ምራኽ

el cerdo

ሓሰማ

el cerdito

ውላድ ሓሰማ

el toro

ኣርሓ

el ganso

ዓሳ

el pato

ማይ ደርሆ

el pollo

ጫቁሊት

la gallina

ደርሆ

el gallo

ኣርሓ ደርሆ

la rata

ኣንጨዋ ዓባይ

el gato

ድሙ

el ratón

ኣንጭዋ

el buey

ብዕራይ

el perro

ከልቢ

la perrera

ኣጉዶ ከልቢ

la manguera

ቱባ ጀርዲን

la regadera

መዝፈፊ ማይ

la guadaña

ዓቢ ማዕጺድ

el arado

ማሕረሻ

la hoz

ማዕጺ.ድ

la azada

ጭ'ኳር

la horca

መስአ

el hacha

ፋስ

la carretilla

ዓረብያ ኢ.ድ

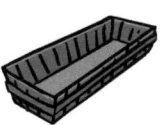

el abrevadero

ጋብላ

la lechera

ብርጭቆ ጸባ

el saco

ከሻ

la valla

ሓጹ.ር

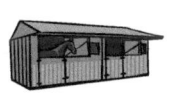

el establo

መንሰስ

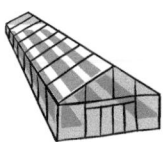

el invernadero

ቻጠልያ ገዛ

el suelo

ባይታ

la semilla

ዘርኢ.

el fertilizador

ድ'ኹዒ.

la cosechadora

ዘጣምር ቀውዓይ

cosechar

ቀውዐ

la cosecha

ጸማ

el ñame

ድንሽ ያም

el trigo

ስርናይ

el soja

ሶያ

la patata

ድንሽ

el maíz

ዕፉን

la semilla de colza

ራፕስ

el árbol frutal

ገረብ ፍረታት

la mandioca

ማኒኦክ

las cereales

አእኻል

# la casa

## ገዛ

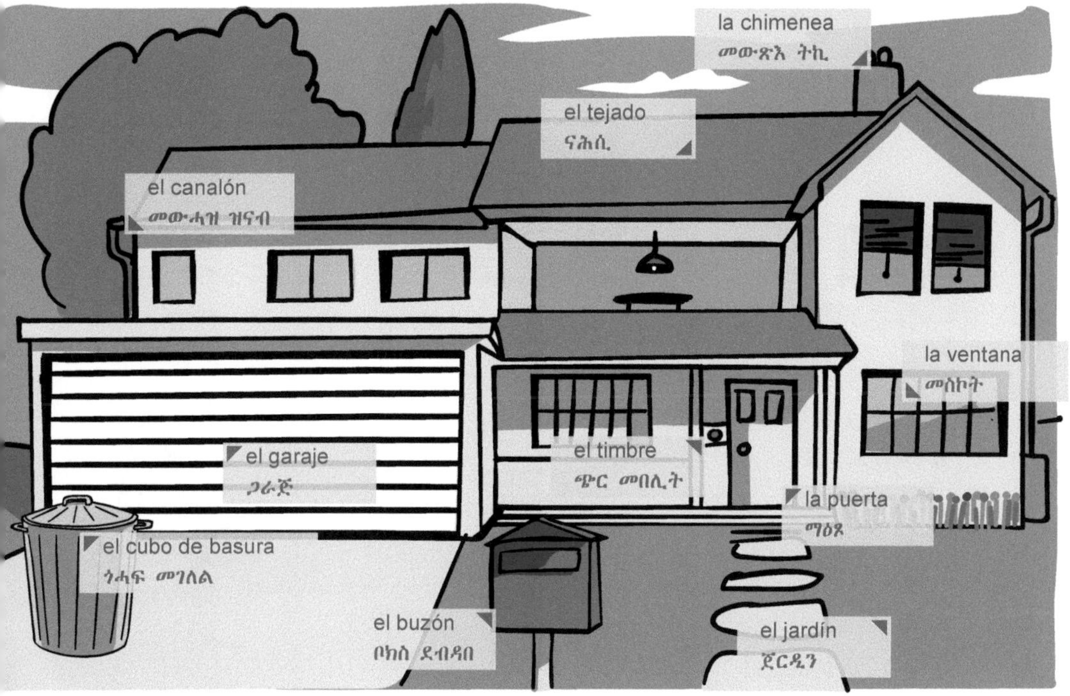
la chimenea
መውጽእ ትኪ
el tejado
ናሕሲ
el canalón
መውሓዚ ዝናብ
la ventana
መስኮት
el garaje
ጋራጅ
el timbre
ጭር መበሊት
la puerta
ማዕጾ
el cubo de basura
ጎሓፍ መገለል
el buzón
ቦክስ ደብዳበ
el jardín
ጀርዲን

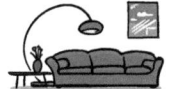

la sala

ክፍሊ ምቕማጥ

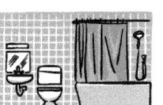

el cuarto de baño

ክፍሊ ባንዮ

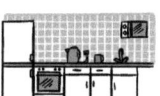

la cocina

ክሽነ

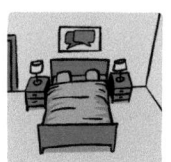

el dormitorio

ክፍሊ መደቀሲ

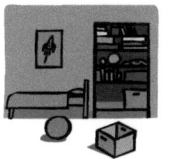

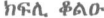

la habitación de los niños

ክፍሊ ቆልዑ

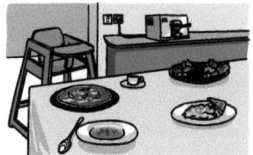

el comedor

መመገቢ ክፍሊ

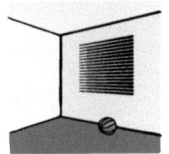

el suelo

ባይታ

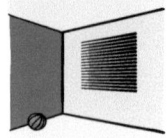

la pared

መንደቕ

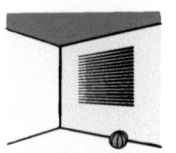

el techo

ከቦርታ

el sótano

ካንቲና

la sauna

ሳውና

el balcón

ባልኮን

la terraza

ዛላ

la piscina

መሕምበሲ

el cortacésped

መቑረጺ ሳዕሪ

la sábana

አንሶላ ዓራት

la colcha

ከቦርታ ዓራት

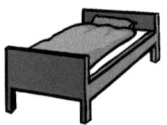

la cama

ዓራት

la escoba

መኽsተር

el balde

መገለል

el interruptor

መወልዒት

# la sala
## ክፍሊ ምቕማጥ

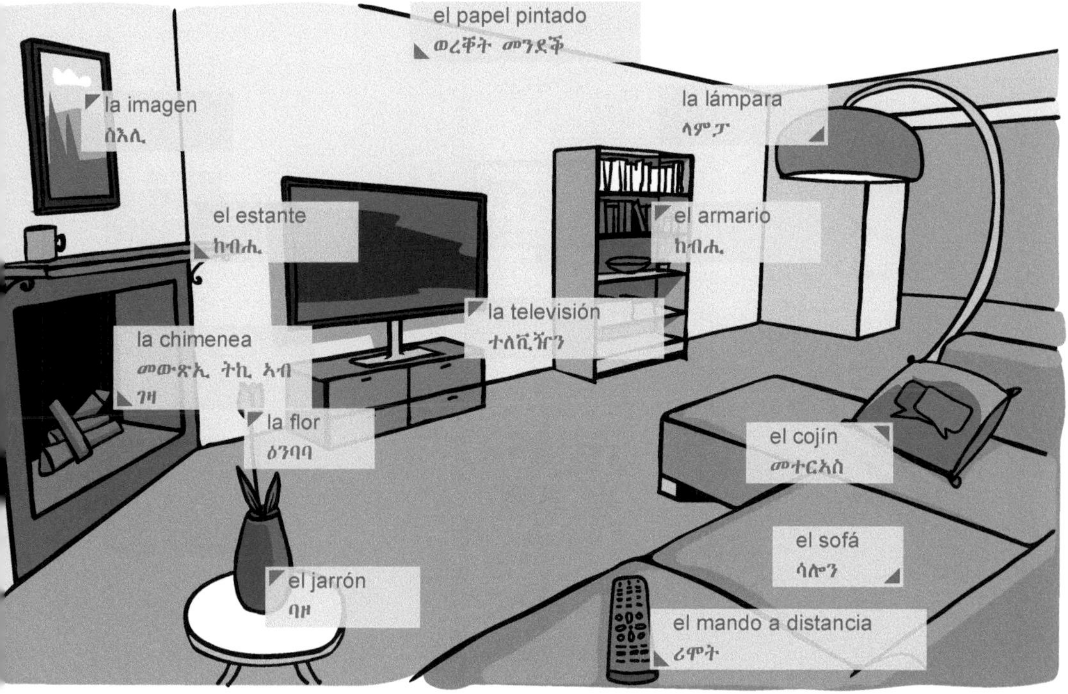
el papel pintado
ወረቐት መንደቕ
la imagen
ስእሊ
la lámpara
ላምፓ
el estante
ከብሒ
el armario
ከብሒ
la televisión
ተለቪዥን
la chimenea
መውጽኢ ትኪ ኣብ ገዛ
la flor
ዕንባባ
el cojín
መተርኣስ
el sofá
ሳሎን
el jarrón
ባዞ
el mando a distancia
ሪሞት

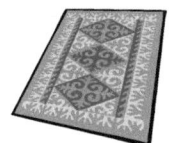

la alfombra
መንጸፍ

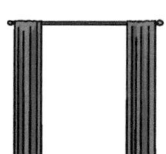

la cortina
መጋረጃ

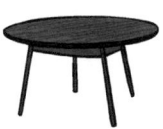

la mesa
ጣውላ

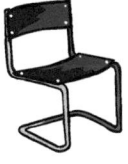

la silla
መንበር

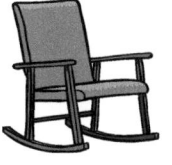

el mecedora
ሰለል ዝብል መንበር

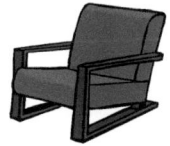

la butaca
መንበር ምቹእ

el libro

መጽሐፍ

la manta

ከቦርታ

la decoración

ስልማት

la leña

እንጨይቲ ሓዊ

la película

ፊልም

el equipo de música

ስተረዮ

la llave

መፍትሕ

el periódico

ጋዜጣ

la pintura

ቅብአ

el póster

ፖስተር

la radio

ረድዮ

el cuaderno

ጥራዝ

la aspiradora

መልገሲ ደርና

el cactus

በለስ

la vela

ሽምዓ

# la cocina

# ክሽነ

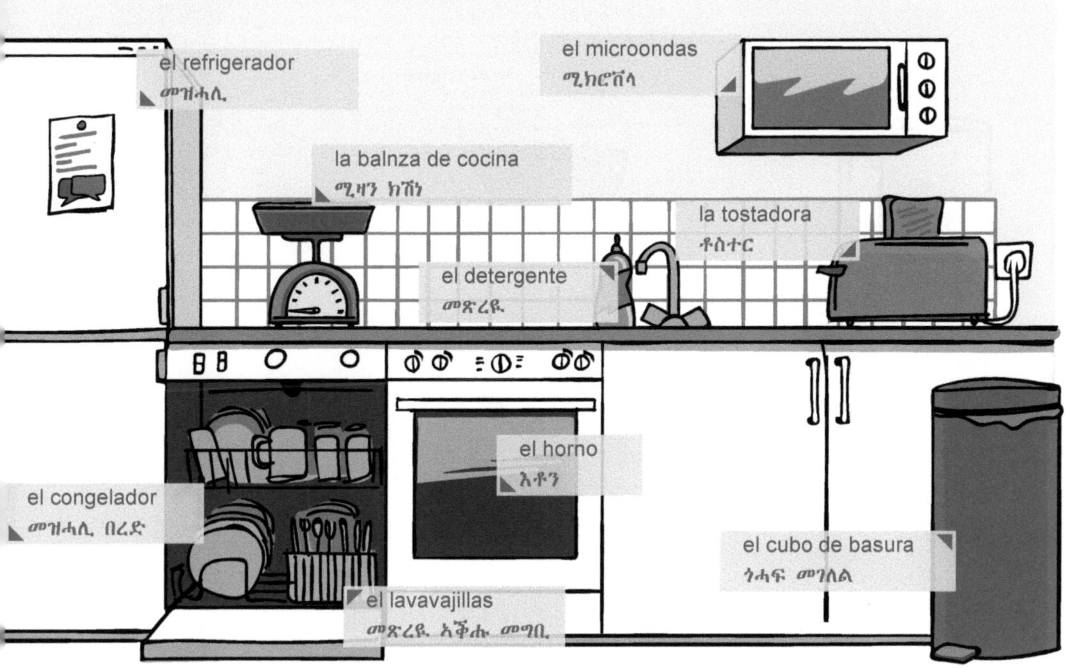

el refrigerador
መዝሓሊ
el microondas
ሚክሮቨላ
la balnza de cocina
ሚዛን ክሽነ
la tostadora
ቶስተር
el detergente
መጽረዪ
el horno
እቶን
el congelador
መዝሓሊ በረድ
el cubo de basura
ጎሓፍ መገለል
el lavavajillas
መጽረዪ ኣቕሑ መግቢ


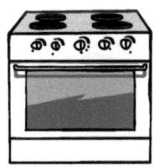

la olla a presión

መኽሸኒ

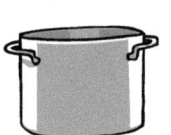

la olla

ድስቲ

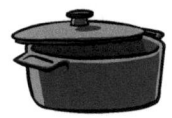

la olla de hierro fundido

ድስቲ ሓጺን

el wok

ቮክ/ካዳይ

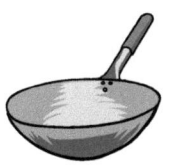

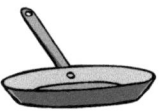

la cazuela

ባደላ

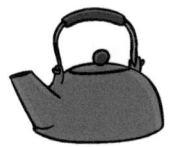

el hervidor

መውዓዪ ማይ

la vaporera

መፍልሒ

la chapa de horno

ንቴራ ምስንካት

la vajilla

ኣቕሑ መግቢ

la taza

ብርዒዮቆ

el tazón

ጭሓሎ

los palillos

ማንካቺና

el cucharón

ማንካ መረቕ

la espumadera

መገልበጢ ባደላ

el batidor

መኸስተር ውርጪ

el colador

መንፈት መግቢ

el cedazo

መንፈት

el rallador

መፋሕፍሒ

el mortero

ሞርታር

la barbacoa

ባርቢክዩ

la hoguera

ስፍራ ሓዊ

la tabla de picar

እንጨይቲ ምምታር

el rodillo

እንጨይቲ ኮረሮ

el sacacorchos

መኽፈት ቡሽ

la lata

ታኒካ

el abrelatas

መኽፈቲ ታኒካ

el agarrador

ጨርቂ ድስቲ

el lavabo

ቡምባ

el cepillo

አስባስላ

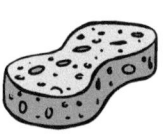

la esponja

ሰፍነግ

la batidora

ሓዋሲ አደባላቒ

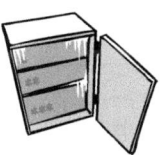

el congelador

መዝሓሊ በረድ

el biberón

ጥርሙዝ ማማይ

el grifo

ቡምባ ማይ

la cocina - ክሽነ

37

# el cuarto de baño

## ክፍሊ ባንዮ

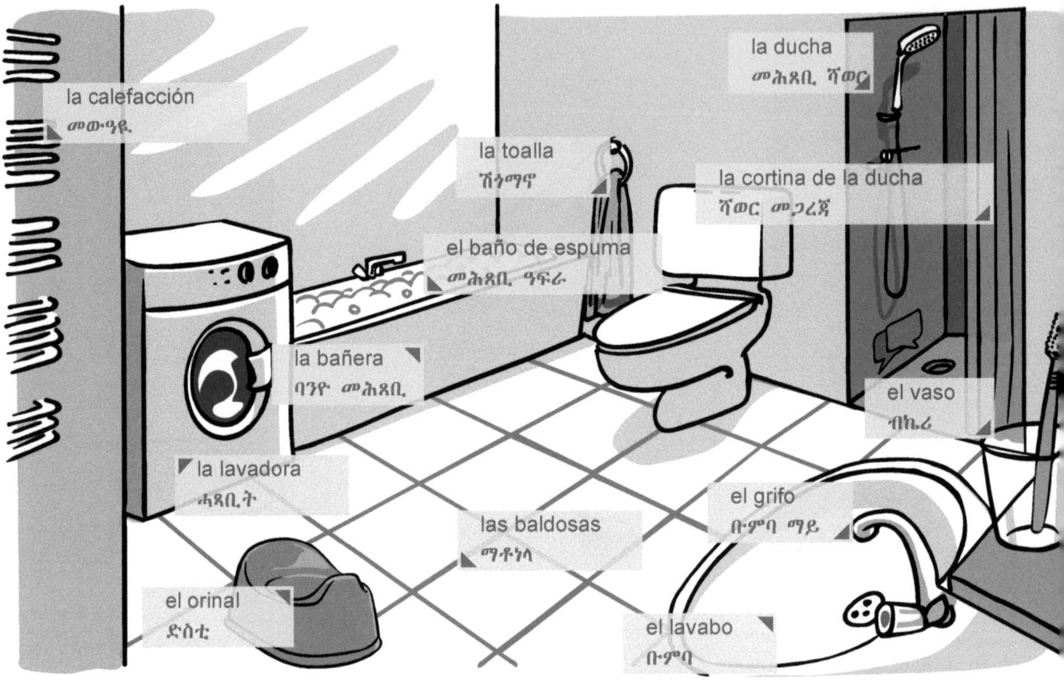

la ducha
መሕጸቢ ሻወር
la calefacción
መውዓዪ
la toalla
ሽጎማኖ
la cortina de la ducha
ሻወር መጋረጃ
el baño de espuma
መሕጸቢ ዓፍራ
la bañera
ባንዮ መሕጸቢ
el vaso
ብኬሪ
la lavadora
ሓጻቢት
el grifo
ቡምባ ማይ
las baldosas
ማቶነላ
el orinal
ድስቲ
el lavabo
ቡምባ


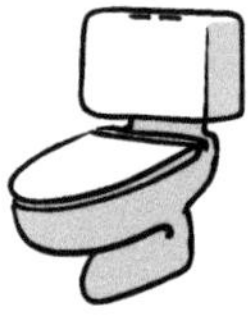

el inodoro

ሽቓቕ

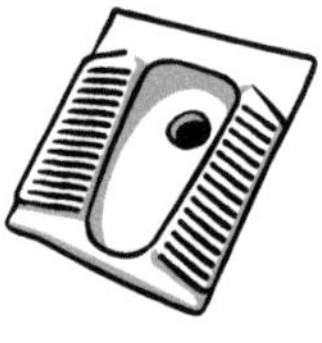

el inodoro rústico

ሽቓቕ ኮፍ

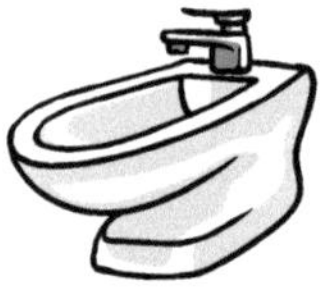

el bidé

በዴ

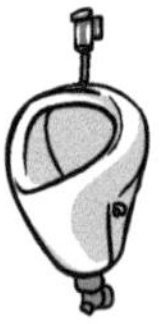

el urinario

ሽቃቕ ተባዕታይ

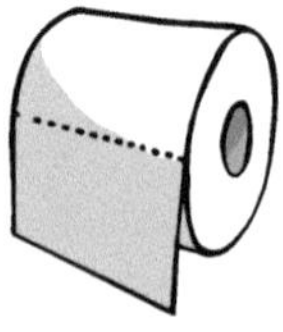

el papel higiénico

ወረቐት ሽቓቕ

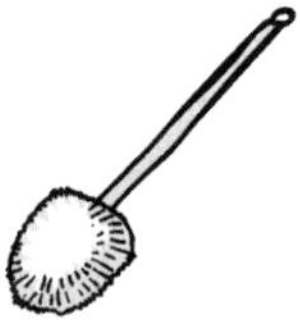

la escobilla del váter

ኣስባስላ ሽቓቕ

el cepillo de dientes

አስባስላ ስኒ

la pasta de dientes

ክሪማ ስኒ

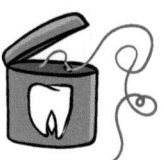

el hilo dental

ሃሪ ስኒ

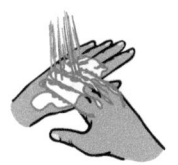

lavar

ሓጸበ

la ducha de mano

ዱሽ ኢድ

la ducha íntima

ዱሽ

la pila

ብርጭቆ ምሕጻብ

el cepillo de espalda

አስባስላ ሕቖ

el jabón

ሳምና

el gel de ducha

ሻወር ጀል

el champú

ሻምፑ

la toallita

ጨርቂ መሕጸቢ

el desagüe

መውሓዚ

la crema

ክሪማ

el desodorante

ደዮ ጨና

el espejo

መስትያት

el espejo de tocador

ናይ ኢድ መስትያት

la maquinilla de afeitar

መላጸ

la espuma de afeitar

ዓፍራ ምልጻይ

la loción postafeitado

ጨና ድሕሪ ምልጻይ

el peine

መመሽጥ

el cepillo

ኣሰባስላ

el secador

መንቆጺ ጸግሪ

la laca

ስፕረይ ጸግሪ

el maquillaje

መመላኽዒ

el pintalabios

ብርዒ ቀለም ከንፈር

el pintauñas

ኣዝማልቶ

el algodón

ጸምሪ ጡጥ

el cortauñas

መስደዲ ጽፍሪ

el perfume

ጨና

el estuche de viaje

ሳንጣ መሕጸቢ

la banqueta

ድኳ

la balanza

ሚዛን

el albornoz

ክዳን መሕጸቢ

los guantes de goma

ጓንቲ መጸረዪ

el tampón

ታምፖን

la compresa

ጨርቂ ሰበይቲ

el inodoro químico

ሽቓቕ ከሚስትሪ

# la habitación de los niños

## ክፍሊ ቆልዑ

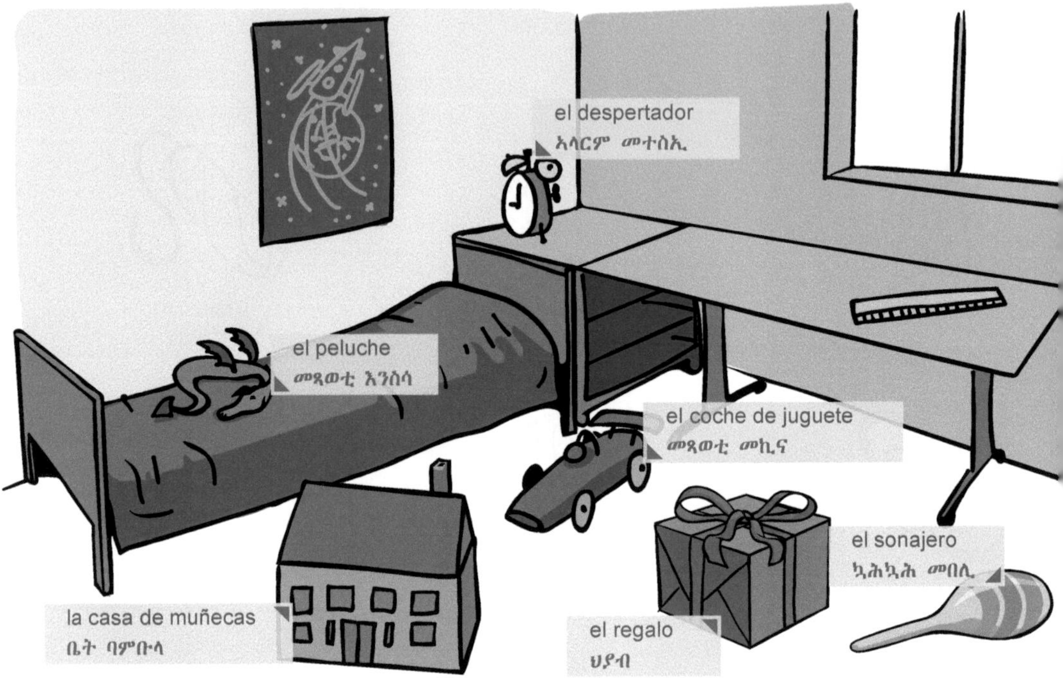

el despertador
ኣላርም መተስኢ
el peluche
መጻወቲ እንስሳ
el coche de juguete
መጻወቲ መኪና
el sonajero
ኳሕኳሕ መበሊ
la casa de muñecas
ቤት ባምቡላ
el regalo
ህያብ


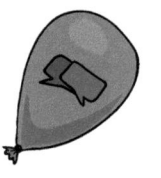

el globo

ባላንችና

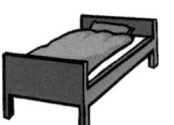

la cama

ዓራት

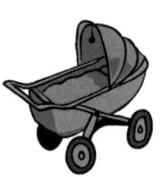

el coche de niño

ሰረገላ ህጻን

los naipes

ጸወታ ካርታ

el puzle

ሕንቅሊተይ

SUPER MEGA


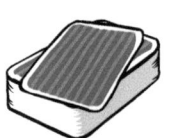

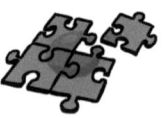

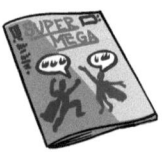

el tebeo

ኮሜዲ

las piezas de lego

እምነታት መጻወቲ ለጎ

los bloques de juguete

መጻወቲ እምነታት

la figura de acción

በዓል አክቸን

el bodi (de bebé)

ክዳን ማማይ

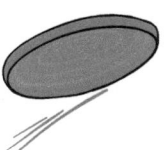

el frisbee

ፍሪስቢ

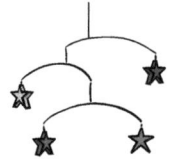

el colgador móvil para bebés

ሞባይል ማማይ

el juego de mesa

ጸወታ ሰሌዳ

los dados

ኩቦ

el circuito de tren eléctrico

ሞደል ባቡር ምድሪ

el maniquí

ዓባስ

la fiesta

ፓርቲ

el álbum de fotos

መጽሓፍ ስእሊ

la pelota

ኩዕሶ

la muñeca

ባምቡላ

jugar

ተጻወተ

el cajón de arena

መጻወቲ ሑጻ

el columpio

ሰላል

los juguetes

መጻወቲታት

la videoconsola

ኮንሶል ቪድዮ

el triciclo

መጻወቲ ሰለስተ መንኮርኮር

el oso de peluche

ተዲ

la guardarropa

ከብሒ ክዳን

## la ropa

### ክዳን

los calcetines

ካልስታት

las medias

ነዊሕ ካልስታት

los leotardos

ስረ ካልሲ

la bufanda
ሻርባ

el paraguas
ጽላል

la camiseta
ማልያ

el cinturón
ቀልፊ

las botas
ረፋዕ

las zapatillas
ጫማ ገዛ

las deportivas
ስኒከርስ

las sandalias
........................
ሽበጥ

los zapatos
.................
ጫማ

las botas de goma
........................
ረፋዕ ጎማ

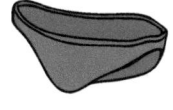

el slip
.................
ሙታንታ

el sostén
.................
ክዳን ጡብ

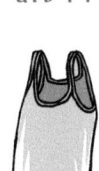

el chaleco
.................
ትሕተ ካሚቻ

el bodi

ቦዲ

los pantalones cortos

ስረ

los vaqueros

ጂንስ

la falda

ቀምሽ

la blusa

ካምቻ

la camisa

ካሚቻ

el jersey

ጉልፍ

el suéter

ጎልፍ

el blazer

ጃኬት

la chaqueta

ጃከት

el abrigo

ጁባ

la gabardina

ክዳን ዝናብ

el traje

ኮስቱም

el vestido

ቀምሽ

el vestido de novia

ቀምሽ መርዓ

el traje

ልብሲ

el camisón

ካሚቻ ለይቲ

el pijama

ክዳን ለይቲ

el sati

ሳሪ

el bandana

መሃረብ ርእሲ

el turbante

ቱርባን

la burka

ቡርካ

el caftán

ካፍታን

la abaya

አባያ

el traje de baño

ክዳን መሕምበሲ

el bañador

ስረ መሕምበሲ

los pantalones cortos

ሓጺር ስረ

el chándal

ክዳን ታዕሊም

el delantal

በጃ ክዳን

los guantes

ጓንቲ

el botón

መልጎም

las gafas

መነጽር

el brazalete

በንናጅር

el collar

ማዕተብ

el anillo

ቀለበት

el pendiente

ኩትሻ

la gorra

ቆብዕ

la percha

መንበሪ ጁባ

el sombrero

ባርኔጣ

la corbata

ካርራሻት

la cremallera

ሻርኔጣ

el casco

ሀልመት

los tirantes

መድልደል ስረ

el uniforme

ድቢዛ ቤትትምህርቲ

el uniforme

ድቢዛ

**el babero**

ሰደርያ ቆልዓ

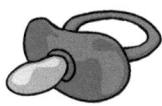

**el maniquí**

ዓባስ

**el pañal**

ጨርቂ ማማይ

# la oficina

## ቤት ጽሕፈት

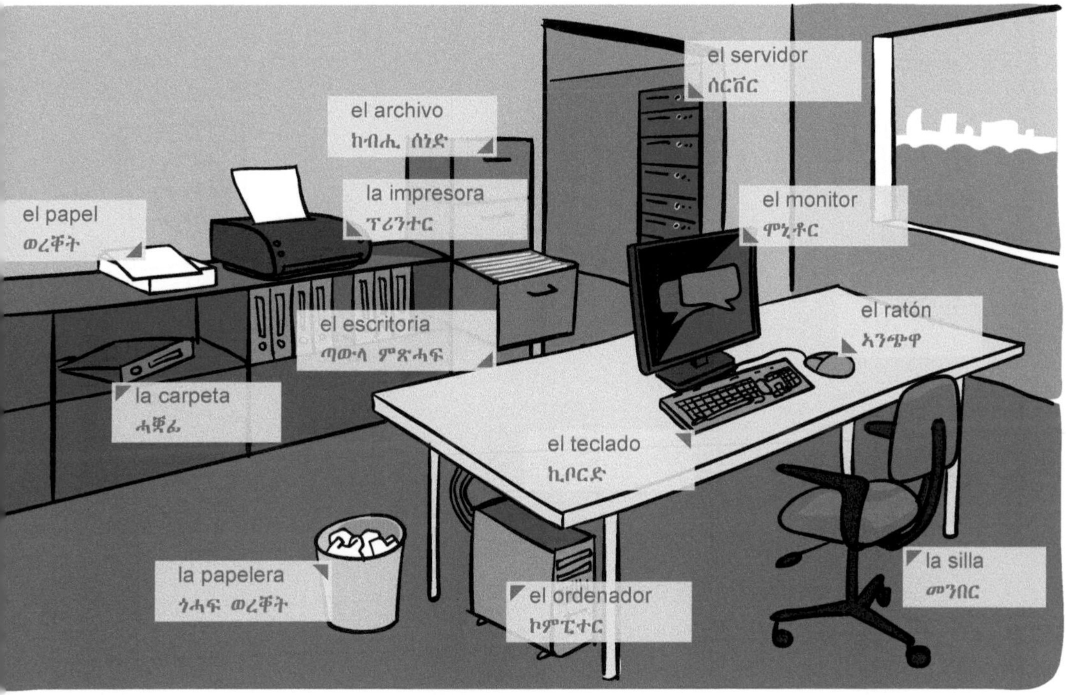

el servidor
ሰርቨC

el archivo
ከብሒ ሰነድ

la impresora
ፕሪንተC

el monitor
ሞኒቶC

el papel
ወረቐት

el escritoria
ጣውላ ምጽሓፍ

el ratón
አንጭዋ

la carpeta
ሓጀራ

el teclado
ኪቦርድ

la papelera
ጎሓፍ ወረቐት

la silla
መንበር

el ordenador
ኮምፒተC

**la taza de café**

ብርጭቆ ቡን

**la calculadora**

ካልኩለተC

**el internet**

ኢንተርነት

el portátil

ላፕቶፕ

la carta

ደብዳበ

el mensaje

መልእኽቲ

el móvil

ሞባይል

la red

ነትወርክ/መርበብ

la fotocopiadora

መቅድሒ ፎቶኮፒ

el software

ሶፍትዌር

el teléfono

ተለፎን

la toma de corriente

ሶከት ኻረንቲ

el fax

ፋክስ

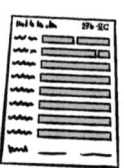

el formulario

ፎርም

el documento

ሰነድ

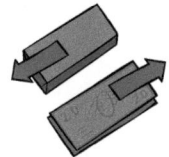

comprar

ገዝአ

pagar

ከፈለ

comerciar

ንግዴ

el dinero

ገንዘብ

el dólar

ዶላር

el euro

አይሮ

el yen

የን

el rublo

ሩብል

el franco suizo

ስዊዝ ፍራንከን

el renminbi yuan

ረንሚንቢ ዩዋን

la rupia

ሩፕየ

el cajero automático

መውጽኢ ማሽን ገንዘብ

la oficina de cambio de divisas

በታ ቅያር ገንዘብ

el oro

ወርቂ

la plata

ብሩር

el petróleo

ዘይቲ

la energía

ሓይሊ

el precio

ዋጋ

el contrato

ውዕል

el impuesto

ቀረጽ

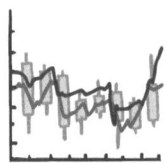

la acción

እኹብ ጥረ-ነገራት

trabajar

ሰርሐ

el empleador

ሰራሕተኛ

el empleador

ኣስራሒ

la fábrica

ትካል

la tienda de campaña

ዱኳን

el agente de policía
በዓል ፖሊስ

el bombero
መጠፊኢ ሓዊ

el cocinero
ከሻኒ

el médico
ሓኪም

el piloto
መራሒ ነፋሪት

el jardinero
ሰራሕተኛ ጀርዲን

el carpintero
ጸራቢ ዕንጸይቲ

la costurera
ሰፋይት

el juez
ፈራዳይ

el farmacéutico
ቀማሚ

el actor
ተዋሳኢ

el conductor de autobús

መራሒ ኣዉቶቡስ

el taxista

ኣውቲስታ ታክሲ

el pescador

ገፋፊ ዓሳ

la señora de la limpieza

ጸራጊት

el techador

ሃናጺይ ናሕሲ

el camarero

ኣሰላፊ

el cazador

ሃዳናይ

el pintor

ሰኣላይ

el panadero

እንዳ ሕብስቲ

el electricista

ኤለትሪከኛ

el obrero

ሃናጺ ኣባይቲ

el ingeniero

ሃንዳሲ

el carnicero

ሰራሕተኛ እንዳ ስጋ

el fontanero

ድራብሊኮ

el cartero

ኣማላሳሲ ፖስጣ

el soldado

ወተሃደር

el arquitecto

መሃንድስ

el cajero

ተሓዝ ገንዘብ

el florista

ሰራሕተኛ ዕምባባ

el peluquero

ቀም ቃማይ

el revisor

ፈተሪኖ

el mecánico

መካኒክ

el capitán

መራሒ መርከብ

el dentista

ሓኪም ስኒ

el científico

ተመራማሪ

el rabino

ራቢ

el imán

ኢማም

el monje

ፈላሲ

el sacerdote

ቀሺ

# las herramientas

## ናውቲ

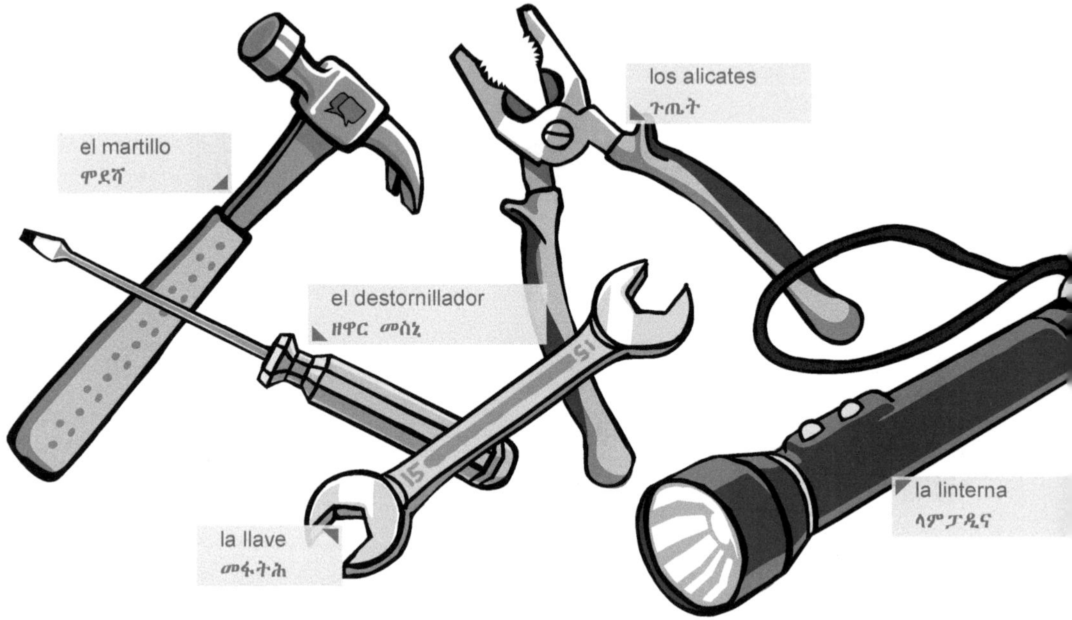
el martillo
ሞደሻ
los alicates
ጉጠት
el destornillador
ዘዋር መስኒ
la linterna
ላምፓዲና
la llave
መፋትሕ

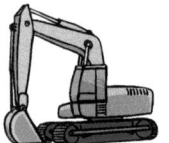

la excavadora

ፈሓሪ

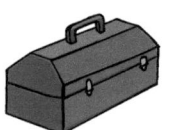

la caja de herramientas

ናውቲ ቦክስ

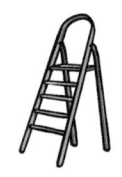

la escalera de mano

መደያይቦ

la sierra

መጋዝ

los clavos

መስማር

el taladro

ኰዓቲ

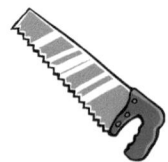

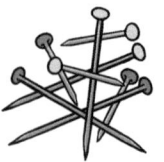

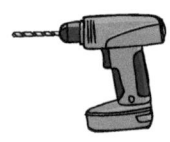

reparar

ም ዕራይ

la pala

ባደላ

¡Maldita sea!

አይ!

el recogedor

መትሓዚ ዶሮና

el bote de pintura

ድስቲ ቀለም

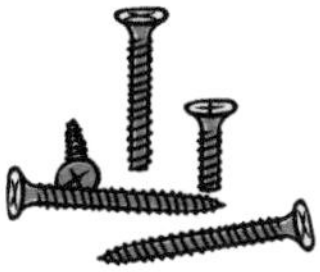

los tornillos

ካቻቢተ

## los instrumentos musicales

መሳርሒ ሙዚቃ

el altavoz
እስፒከር

la batería
ከበሮታት

la guitarra
ጊታር

el contrabajo
ረጉ ድ ዓባይ ጊታር

la trompeta
ትሮምፐት

el piano

ፒያኖ

el violín

ቪዮሊን

bajo

ባስ ጊታር

los timbales

ቲምንኢ

el tambor

ከበሮ

el teclado

ኦርጋን

el saxofón

ሳክሶፎን

la flauta

ሻምብቆ

el micrófono

ሚክሮፎን

# el zoo

## መካነ እንስሳታት

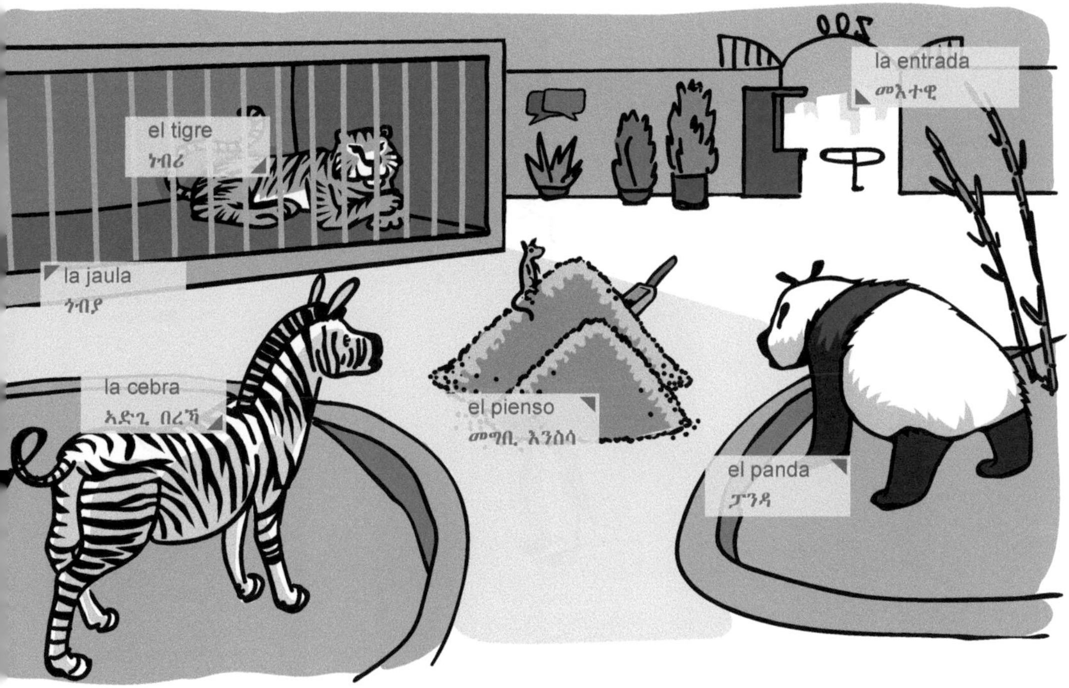

la entrada
መእተዊ
el tigre
ነብሪ
la jaula
ጎብያ
la cebra
ኣድጊ በረኻ
el pienso
መግቢ እንስሳ
el panda
ፓንዳ


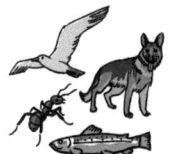

los animales

እንስሳታት

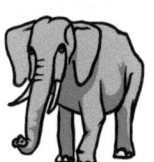

el elefante

ሓርማዝ

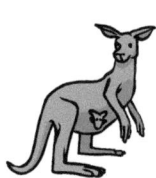

el canguro

ካንጋሩ

el rinoceronte

ሓሪሽ

el gorila

ጕሪላ

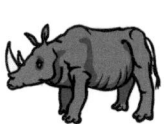

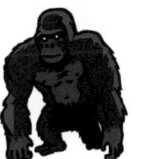

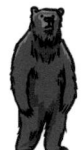

el oso

ድቢ

el camello

ገመል

el avestruz

ሰገን

el león

አንበሳ

el mono

ህበይ

el flamingo

ፍላሚንጎ

el loro

ሕንጻይ

el oso polar

ድቢ በረድ

el pingüino

ፐንጉን

el tiburón

ከልቢ ዓሳ

el pavo real

ጣውስ

la serpiente

ተመን

el cocodrilo

ሓርገጽ

el guardián de zoológico

ሓላዊ ቤት ገርድሽ

la foca

ዓሳ ዚምገብ እንስሳ ባሕሪ

el jaguar

ጃጓር

el poni

ሓጹር ፈረስ

el leopardo

ነብሪ

el hipopótamo

ጉማረ

la jirafa

ጂራፍ

el águila

ሲሳ

el jabalí

መፍለስ

el pescado

ዓሳ

la tortuga

ጎብየ

la morsa

ዋልሩስ

el zorro

ወኻርያ

la gacela

ሰስሓ

el fútbol americano
ናይ ኣሜሪካ ኩዕሶ እግሪ

el ciclismo
ምዝዋር ብሽግለታ

el tenis
ተኒስ

el baloncesto
ባስከትባል

la natación
ምሕምባስ

el boxeo
ቦክሲንግ

el hockey sobre hielo
ሆኪ በረድ

el fútbol
ኩዕሶ እግሪ

el bádminton
ባድሚንቶን

el atletismo
እስፖርታዊ ንጥፈታት

el balonmano
ኩዕሶ ኢድ

el esquí
ስኪ

el polo
ፖሎ

saltar
ነጠረ

reír
ሰሓቐ

abrazar
ሐቘፈ

caminar
ከደ

cantar
ደረፈ

soñar
ሓለመ

rezar
ጸለየ

besar
ሰዓመ

| | | |
|---|---|---|
| escribir | dibujar | mostrar |
| ጸሓፈ | ሰኣለ | ኣርኣየ |
| empujar | dar | tomar |
| ደፍአ | ሃበ | ወሰደ |

tener

አለው

hacer

ገበረ

ser

ኮነ

estar de pie

ጠጠው ብለ

correr

ጎየየ

tirar

ሰሓበ

tirar

ሰንደወ

caer

ወደቐ

yacer

ሓሰወ

esperar

ተጸበየ

llevar

ሰከም

estar sentado

ኮፍ ብለ

vestirse

ተኸድነ

dormir

ደቀሰ

despertar

ተስአ

mirar

ረኣየ

llorar

በኸየ

acariciar

ብኣጻብዑ ደረዘ

peinar

መሸጠ

hablar

ተዛረበ

entender

ተረድአ

preguntar

ሓተተ

escuchar

ሰምዐ

beber

ሰተየ

comer

በልዐ

ordenar

ኣቐመጠ

amar

ኣፍቀረ

cocinar

ከሸነ

conducir

ዘወረ

volar

ነፈረ

navegar

ብመርከብ ገየሽ

calcular

ደመረ

leer

አንበበ

aprender

ተመሃረ

trabajar

ሰርሐ

casarse

መርዓወ

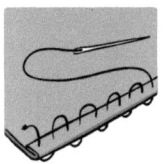

coser

ሰፈየ

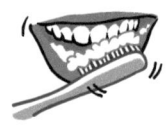

cepillarse los dientes

ጽሬት አስናን

matar

ቀተለ

fumar

ሽጋራ ተከኸ

enviar

ሰደደ

# la familia
# ስድራቤት

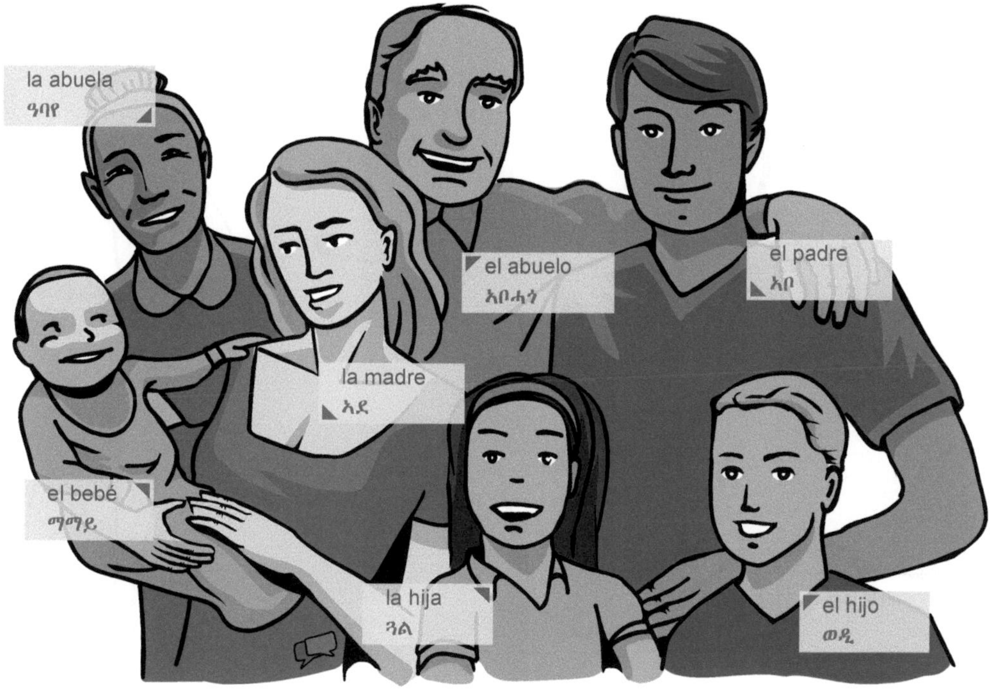
la abuela
ዓባየ
el abuelo
ኣቦሓጎ
el padre
ኣቦ
la madre
ኣደ
el bebé
ማማይ
la hija
ጓል
el hijo
ወዲ

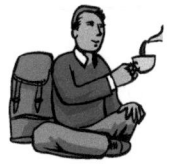

el invitado

ጋሻ

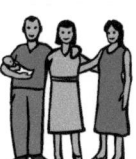

la tía

ሓትኖ

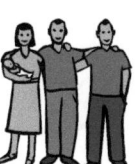

el tío

ኣኮ

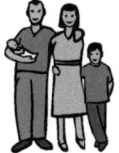

el hermano

ሓው

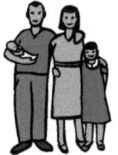

la hermana

ሓፍቲ

# el cuerpo

## ኣካላት

la frente
ግንባር
el ojo
ዓይኒ
el hombro
መንኩብ
el dedo
ኣጻብዕ
la cara
ገጽ
la barbilla
መንከስ
la mano
ኢድ
la pierna
ሸፉን እግሪ
el pecho
ኣፍ-ልቢ
el brazo
ምናት

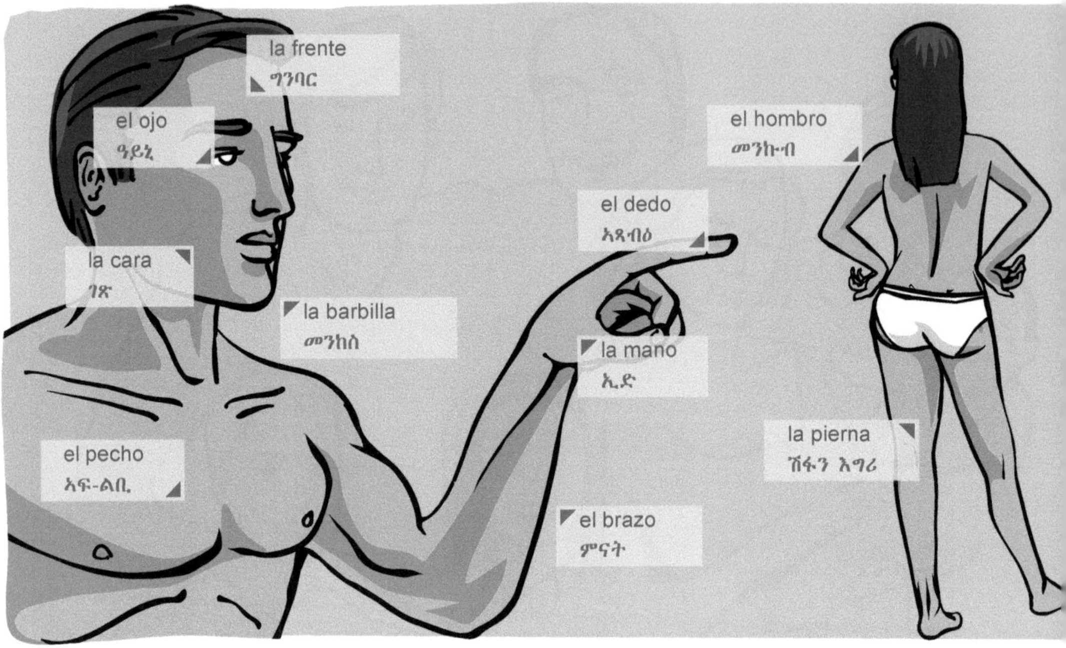

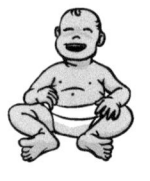

el bebé

ማማይ

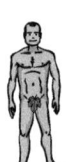

el hombre

ሰብኣይ

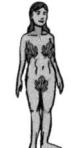

la mujer

ሰበይቲ

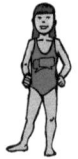

la chica

ጓል

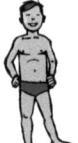

el chico

ወዲ

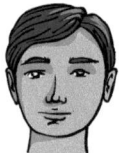

la cabeza

ርእሲ

la espalda

ሕቖ

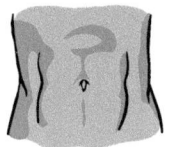

el vientre

ከስዐ

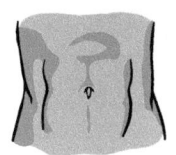

el ombligo

ሕምብርቲ

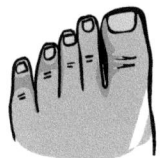

el dedo del pie

ኣጻብዕ እግሪ

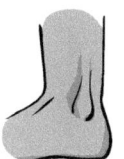

el talón

ኩርኵረ

el hueso

ዓጽሚ

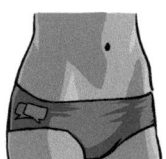

la cadera

ምሕኵልቲ

la rodilla

ብርኪ

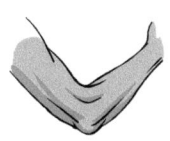

el codo

ፍግርጉ

la nariz

ኣፍንጫ

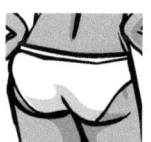

el trasero

መዓኮር

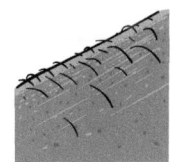

la piel

ቆርበት

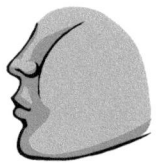

la mejilla

ምዕጉርቲ

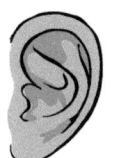

el oído

እዝኒ

el labio

ከንፈር

la boca

አፍ

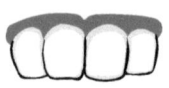

el diente

ስኒ

la lengua

መልሓስ

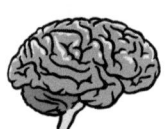

el cerebro

ሓንጎል

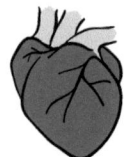

el corazón

ልቢ

el músculo

ጭዋዳ

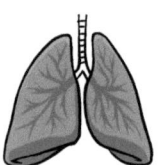

el pulmón

ሳንቡእ

el hígado

ጸላም ከብዲ

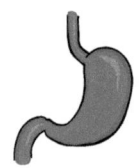

el estómago

ከብዲ

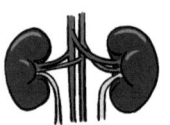

los riñones

ኩሊት

el sexo

ግብረ ስጋ

el condón

ኮንዶም

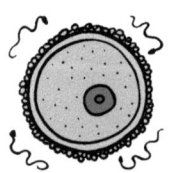

el ovario

እንቋቑሖ

el semen

ዘርኢ ተባዕታይ

el embarazo

ጥንሲ

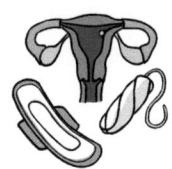

la menstruación

ድግያት

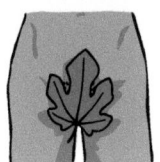

la vagina

ርሕሚ

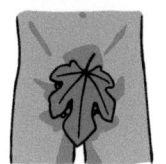

el pene

መትሎ

la ceja

ሽፋሽፍቲ

el pelo

ጸጉሪ

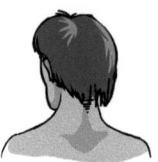

el cuello

ክሳድ

# el hospital

## ሆስፒታል

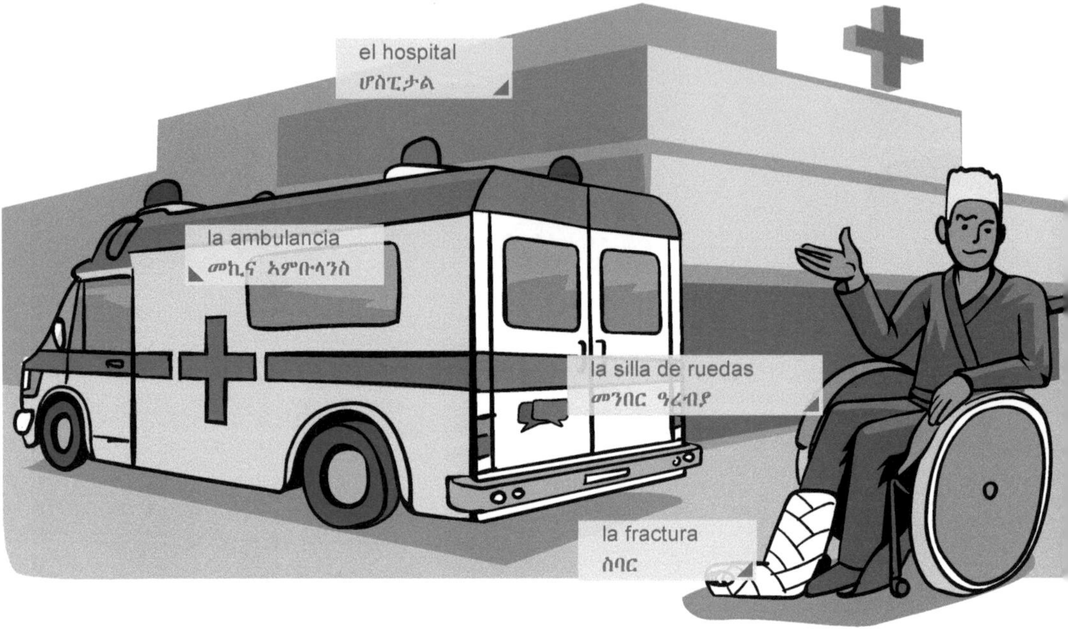

el hospital
ሆስፒታል
la ambulancia
መኪና ኣምቡላንስ
la silla de ruedas
መንበር ዓረብያ
la fractura
ስባር

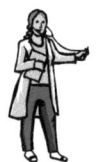

el médico

ሓኪም

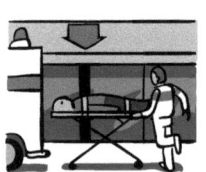

la sala de urgencias

ክፍሊ ህጹጽ ረድኤት

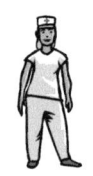

la enfermera

ኣላይት

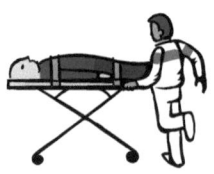

la urgencia

ህጹጽ ኩነት

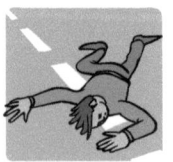

inconsciente

ውነኡ ዘጥፍአ

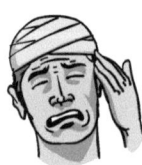

el dolor

ቃንዛ

la lesión

ጉድኣት

la hemorragia

ደም

el infarto

ማህረምቲ

el ictus

ማህረምቲ

la alergia

ኣለርጂ

la tos

ሰዓል

la fiebre

ረስኒ

la gripe

ኡንፍልወንዛ

la diarrea

ውጽኣት

el dolor de cabeza

ቃንዛ ርእሲ

el cáncer

መንሽሮ

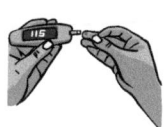

la diabetes

ሹኮርያ

el cirujano

ሓኪም መጥባሕቲ

el bisturí

መጥብሒ

la operación

መጥባሕቲ

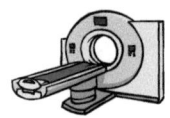

TAC

CT

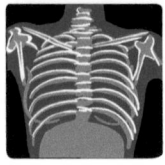

los rayos x

ራጂ

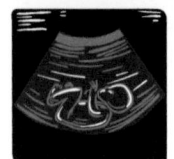

el ultrasonido

ልዕለ ድምጻዊ

la mascarilla

መሸፈኒ ገጽ

la enfermedad

ሕማም

la sala de espera

ክፍሊ ምጽባይ

la muleta

ምርኩስ

la tirita

መጃነኒ ቑስሊ

la venda

መጃነኒ

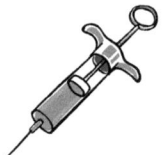

la inyección

መርፍዕ ምውጋእ

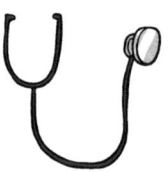

el estetoscopio

ስተቶስኮፕ

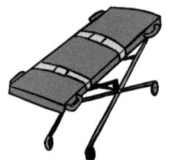

la camilla

መሰከሚ ሕማም

el termómetro

ቴርሞመተር

el nacimiento

ትውልዲ

el sobrepeso

ልዕለ-ሚዛን

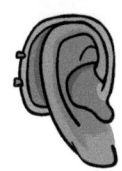

el audífono

ሓገዝ ምስማዕ

el desinfectante

ኣንጻሂ

la infección

ልበዳ

el virus

ቫይረስ

VIH / SIDA

ኤድስ

la medicina

ሕክምና

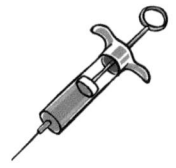

la vacunación

ክታበ

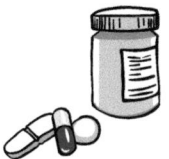

las tabletas

ከኒና

la pastilla

ከኒና

la llamada de urgencia

ህጹጽ ምድዋል

el tensiómetro

መዕቀኒ ጸቕጢ ደም

enfermo / sano

ሕሙም / ጥዑይ

¡Socorro!

ሓገዝ

la alarma

አላርም

el asalto

ምህጃም

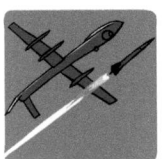

el ataque

መጥቃዕቲ

el peligro

ድንገት

la salida de emergencia

ህጹድ መውጽኢ

¡Fuego!

ሓዊ!

el extintor de incendios

መጥፍኢ ሓዊ

el accidente

ሓደጋ

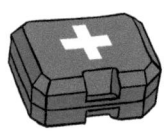

el botiquín de primeros
auxilios

ሳንጣ ቀዳማይ ረድኤት

SOS

SOS

la policía

ፖሊስ

Europa

ኤውሮጳ

Norteamérica

ሰሜን አመሪካ

Sudamérica

ደቡብ አመሪካ

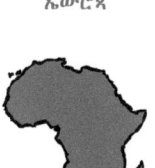

África

አፍሪቃ

Asia

ኤስያ

Australia

አውስትራልያ

el atlántico

አትላንቲክ

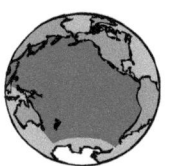

el Pacífico

ፓሲፊክ

el Océano Índico

ህንዳዊ ዉቕያኖስ

el Océano Antártico

አንታርቲካዊ ዉቕያኖስ

el Océano Ártico

አርክቲካዊ ዉቕያኖስ

el polo norte

ሰሜናዊ ዋልታ

el polo sur

ደቡባዊ ዋልታ

La Antártida

አንታርቲካ

la tierra

ምድሪ

la tierra

መሬት

el mar

ባሕሪ

la isla

ደሴት

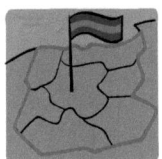

la nación

ሃገር

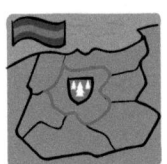

el estado

ዓዲ

la esfera

ገጽ ሰዓት

la manecilla de las horas

ኣመልካቲ ሰዓታት

el minutero

ኣመልካቲ ደቓይቕ

el segundero

ኣመልካቲ ካልኢት

¿Qué hora es?

ሰዓት ክንደይ ኣሎ?

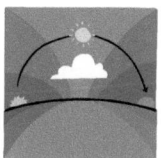

el día

መዓልቲ

el tiempo

ግዜ

ahora

ሕጂ

el reloj digital

ዲጂታል ሰዓት

el minuto

ደቒቕ

la hora

ሰዓት

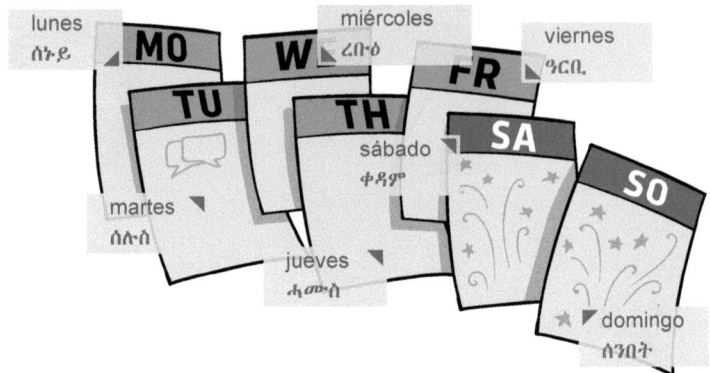

lunes
ሰኑይ

miércoles
ረቡዕ

viernes
ዓርቢ

martes
ሰሉስ

sábado
ቀዳም

jueves
ሓሙስ

domingo
ሰንበት

ayer
ትማሊ

hoy
ሎሚ

mañana
ጽባሕ

la mañana
ንጉሆ

el mediodía
ቀትሪ

la tarde
ምሸት

los días laborables
መዓልታት ስራሕ

el fin de semana
መወዳእታ ሰሙን

la lluvia
ዝናብ

el arcoíris
ቀስተ-ደመና

la nieve
በረድ

el viento
ንፋስ

la primavera
ጽድያ

el otoño
ቀውዒ

el verano
ሓጋይ

el invierno
ክረምቲ

| | | |
|---|---|---|
| 4.APRIL | 11° | ☀ |
| 5.APRIL | 4° | ☁ |
| 6.APRIL | 13° | ☂ |
| 7.APRIL | 8° | ❄ |
| 8.APRIL | 10° | ❄ |

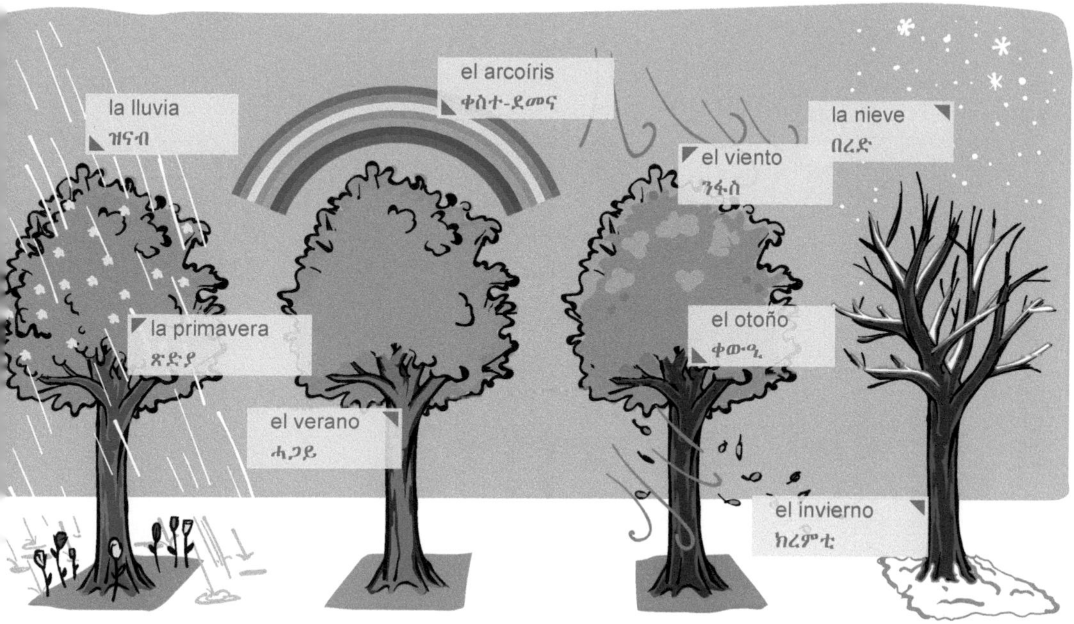

el pronóstico del tiempo

ትንቢት ኩነታት አየር

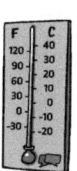

el termómetro

ቴርሞመተር

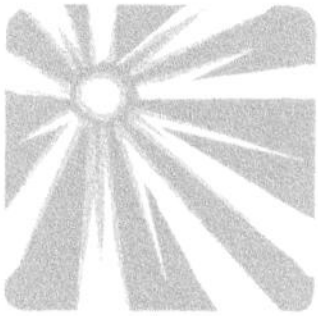

el sol

ብርሃን ጸሓይ

la nube

ደበና

la niebla

ግመ

la humedad

ጠሊ

el rayo

ብርቂ

el trueno

ነጉዳ

la tormenta

ህቦብላ

el granizo

በረድ

el monzón

ብርቱዕ ህቦብላ

la inundación

ውሕጅ

el hielo

በረድ

enero

ጥሪ

febrero

ለካቲት

marzo

መጋቢት

abril

ሚያዝያ

mayo

ጉንበት

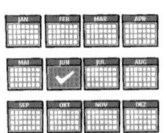

junio

ሰነ

julio

ሓምለ

agosto

ነሓሰ

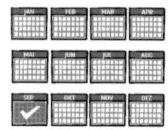

septiembre

መስከረም

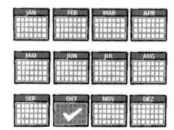

octubre

ጥቅምቲ

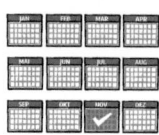

noviembre

ሕዳር

diciembre

ታሕሳስ

## las formas
## ቅርጸታት

el círculo

ዙሪያ

el cuadrado

ትርብዒት

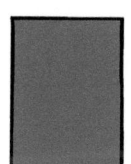

el rectángulo

ቅኑዕ ርቡዕ ኲርናዕ

el triángulo

ስሉስ ኲርናዕ

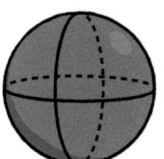

la esfera

ክቢ

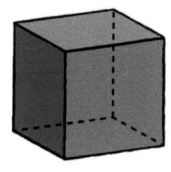

el cubo

ኲቦ

blanco

ጻዕዳ

amarillo

ብጫ

anaranjado

አራንጂ

rosa

ፒንክ

rojo

ቀይሕ

morado

ጆኽ

azul

ሰማያዊ

verde

ቀጠልያ

marrón

ቡናዊ

gris

ሓሙኽሽታይ

negro

ጸሊም

mucho / poco

ብዙሕ / ውሑድ

enojado / tranquilo

ሕሩቕ / ሰላማዊ

bonito / feo

ጽቡቕ / ክፉእ

principio / fin

መጀመርያ / መወዳእታ

grande / pequeño

ዓቢ / ንእሽቶ

claro / oscuro

ብሩህ / ጸልማት

el hermano / la hermana

ሓው / ሓፍት

limpio / sucio

ጽሩይ / ርሳሕ

completo / incompleto

ምሉእ / ዘይምሉእ

el día / la noche

መዓልቲ / ለይቲ

muerto / vivo

ሙዉት / ህልው

ancho / estrecho

ሰፊሕ / ጸቢብ

comestible / no comestible
......................
ደስ ዘበል / ደስ ዘይብል

malo / amable
......................
እኩይ / ህያዋይ

entusiasmado / aburrido
......................
ርቡጽ / ስልኩይ

gordo / delgado
......................
ረጊድ / ቀጢን

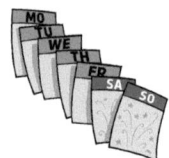

primero / último
......................
ቀዳማይ / ናይ መወዳእታ

el amigo / el enemigo
......................
ዓርኪ / ጸላኢ

lleno / vacío
......................
ምሉእ / ባዶ

duro / blando
......................
ተሪር / ልስሉስ

pesado / ligero
......................
ከቢድ / ፈኵስ

el hambre / la sed
......................
ጥምየት / ጽምየት

enfermo / sano
......................
ሕሙም / ጥዑይ

ilegal / legal
......................
ዘይሕጋዊ / ሕጋዊ

inteligente / tonto
......................
መስተውዓሊ / ስዲ

izquierda / derecha
......................
ጸጋም / የማን

cerca / lejos
......................
ቅረባ / ርሑቕ

nuevo / usado

ሓዲሽ / ብሉይ

nada / algo

ዋላ ሓደ / ገለ

viejo / joven

ዓቢ/ኣረጊት / መንእሰይ

encendido / apagado

ወልዕ / ኣጥፍእ

abierto / cerrado

ክፉት / ዕጹው

silencioso / ruidoso

ህዱእ / ዓው

rico / pobre

ሃብታም / ድኻ

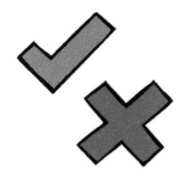

correcto / incorrecto

ቅኑዕ / ግጉይ

áspero / suave

ሓርፋፍ / ልሙጽ

triste / contento

ጉሁይ / ሕጉስ

corto / largo

ሓጺር / ነዊሕ

lento / rápido

ቀስ / ቅልጡፍ

húmedo / seco

ጥሉል / ንቑጽ

cálido / frío

ምዉቕ / ዝሑል

guerra / paz

ውግእ / ሰላም

**0**

cero

ዜሮ

**1**

uno

ሓደ

**2**

dos

ክልተ

**3**

tres

ሰለስተ

**4**

cuatro

ኣርባዕተ

**5**

cinco

ሓሙሽተ

**6**

seis

ሽዱሽተ

**7**

siete

ሸውዓተ

**8**

ocho

ሸሞንተ

**9**

nueve

ትሽዓተ

**10**

diez

ዓሰርተ

**11**

once

ዓሰርተ ሓደ

**12**

doce

ዓሰርተ ክልተ

**13**

trece

ዓሰርተ ሰለስተ

**14**

catorce

ዓሰርተ ኣርባዕተ

**15**

quince

ዓሰርተ ሓሙሽተ

**16**

dieciséis

ዓሰርተ ሽዱሽተ

**17**

diecisiete

ዓሰርተ ሸውዓተ

**18**

dieciocho

ዓሰርተ ሸሞንተ

**19**

diecinueve

ዓሰርተ ትሸዓተ

**20**

veinte

ዕስራ

**100**

cien

ሚእቲ

**1.000**

mil

ሽሕ

**1.000.000**

el millón

ሚልዮን

el inglés

እንግሊዝኛ

el inglés americano

አሜሪካዊ እንግሊዛዊ

el chino madarín

ቻይናዊ ማንዳሪን

el hindi

ሂንዳዊ

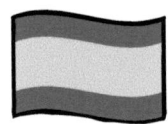

el español

እስጳኛዊ

el francés

ፈረንሳዊ

el árabe

ዓረባዊ

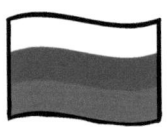

el ruso

ሩሲያዊ

el portugués

ፖርቱጋላዊ

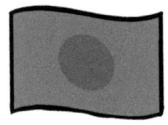

el bengalí

በንጋሊ

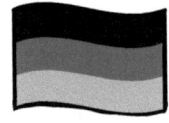

el alemán

ጀርመናዊ

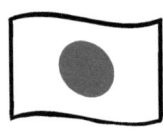

el japonés

ጃፓናዊ

yo

አነ

tú

ንስኻ/ኺ.

él / ella / ello

ንሱ / ንሳ / ንሱ

nosotros/as

ንሕና

vosotros/as

ንስኻ

ellos/as

ንሳቶም

¿quién?

መን?

¿qué?

እንታይ?

¿cómo?

ከመይ?

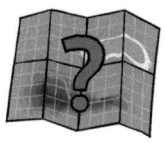

¿dónde?

ኣበይ?

¿cuándo?

መዓስ?

el nombre

ሽም

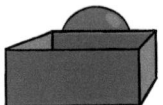

detrás

ድሕሪ

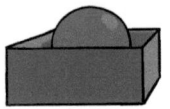

en

አብ

delante de

አብ ቅድሚ

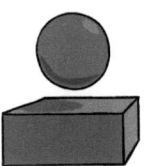

por encima de

አብ ላዕሊ

sobre

አብ ልዕሊ

debajo de

ትሕቲ ምድሪ

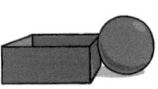

junto a

አብ ጥቓ

entre

አብ መንጎ

el lugar

ቦታ